Johann Sebastian Bach, Büste des Leipziger Bildhauers
Carl Seffner im Eingangsbereich des Bachhauses in Eisenach

Spieltisch der Wender-Orgel von 1703, Bach-Ausstellung Arnstadt.

Rainer Humbach, Michael Imhof
und Susan Gildersleeve

REISEWEGE ZU BACH

Travelling Ways to Bach

Ein Führer zu den Wirkungsstätten
des Johann Sebastian Bach (1685–1750)

MICHAEL IMHOF VERLAG

Dank

Wir danken den Museen in Altenburg, Arnstadt, Eisenach, Köthen, Leipzig, Ohrdruf, Wechmar und Weißenfels
sowie den Pfarrgemeinden in Arnstadt, Celle, Dornheim, Eisenach, Halle, Hamburg, Hohnstein, Kassel,
Leipzig, Lübeck, Lüneburg, Mühlhausen, Naumburg, Pomßen, Sangerhausen, Störmthal und Zschortau für
ihre freundliche Unterstützung.

Rainer Humbach, Michael Imhof und Susan Gildersleeve:
REISEWEGE ZU BACH
Travelling Ways to Bach
Ein Führer zu den Wirkungsstätten des Johann Sebastian Bach (1685-1750) ,
Petersberg 2003

Abbildungsnachweis

alle Fotos Michael Imhof
mit Ausnahme von S. 23 (Stadtmodell): Verein Schlossruine Neideck zu Arnstadt e.V.;
S. 82: Museum für Stadtgeschichte in Leipzig; S. 125 (Portärt Herzog Christians): Museum Weißenfels.
Abbildungen im Bachhaus sind mit freundlicher Genehmigung des Bachhauses Eisenach gGmbH sowie der
neuen Bachgesellschaft e. V. abgedruckt.

Gestaltung/Reproduktion/Fotos: Michael Imhof Verlag
Druck: Grafisches Centrum Cuno, Calbe

Printed in EU

ISBN 3-932526-81-3

Inhalt

KÖTHEN, BACH-GEDENKSTÄTTE IM SCHLOSS

Leben und Werk J. S. Bachs

Als am 21. März 1685 Johann Sebastian Bach in Eisenach das Licht der Welt erblickte, ahnte wohl noch niemand, dass er einer der größten Komponisten der Musikgeschichte werden sollte. Sein Vater, der Stadtmusikus Johann Ambrosius (*1645, †1695) entstammte der weit verzweigten thüringischen Musikerfamilie der Bachs, seine Mutter war Elisabeth Bach, geb. Lämmerhirt (*1644, †1694). Der schon mit zehn Jahren verwaiste Johann Sebastian kam zunächst in die Obhut seines Bruders Johann Christoph, der als Organist in Ohrdruf angestellt war. 1700 trat J. S. Bach in die Michaelisschule in Lüneburg ein. 1703 holte Prinz Johann Ernst von Sachsen-Weimar den 18-jährigen Johann Sebastian als Geiger und Hofmusikus nach Weimar. Bald darauf nahm er eine Stelle als Organist an der Neuen Kirche in Arnstadt an. Von hier aus reiste er nach Lübeck, um dort den Komponisten und Organisten Dietrich Buxtehude kennenzulernen. 1707 übernahm Bach die Organistenstelle an der St.-Blasius-Kirche in Mühlhausen (Thüringen), bald darauf heiratete er seine erste Frau, Maria Barbara Bach.

Im Jahre 1708 kam Bach als Hoforganist und Kammermusiker an den Weimarer Hof von Herzog Wilhelm Ernst von Sachsen-Weimar, wo er 1714 zudem Kapellmeister wurde, dem auch die Pflicht zur regelmäßigen Komposition von Kantaten oblag. 1717 konnte Bach nach heftigem Streit mit seinem bisherigen Dienstherren an den Hof des Fürsten Leopold von Anhalt-Köthen wechseln.

In Köthen traf Bach 1720 der Tod seiner Frau Maria Barbara, von den sieben Kindern aus seiner ersten Ehe sollten seine Söhne Wilhelm Friedemann (*1710, †1784) und Carl Philipp Emanuel Bach (*1714, †1788) später ebenfalls bedeutende Komponisten werden. Im folgenden Jahr heiratete Johann Sebastian Bach die Sängerin Anna Magdalena Wilcken, aus dieser Ehe gingen 13 weitere Kinder hervor, darunter als weitere bekannte Komponisten Johann Christoph Friedrich (*1732, †1795) und Johann Christian Bach (*1735, †1782).

Im Jahr 1723 verließ Bach Köthen, um in Leipzig, dem letzten und längsten Wohnsitz seines Lebens, Thomaskantor und Musikdirektor der beiden Hauptkirchen zu werden. 1729 übernahm er zusätzlich die Leitung eines „Collegium Musicum", 1736 ernannte man Bach in Dresden zum kurfürstlich-sächsischen und königlich-polnischen Hofkomponisten ehrenhalber. Die Musik des als Orgelvirtuosen, Gutachter, Lehrer und Komponisten hochgeachteten Bach wurde von seinen Zeitgenossen immer mehr als unmodern, zu kompliziert und rückständig empfunden. Bach zog sich allmählich aus der Öffentlichkeit zurück. Die Mode hatte sich gewandelt, das Publikum bevorzugte nun den „galanten Stil" der Rokokozeit, barocke Wucht, Strenge und Gedankenschwere waren weniger gefragt. Einen letzten Höhepunkt seiner Anerkennung erlebte Bach 1747 bei einem Besuch beim kunstsinnigen König Friedrich II. (dem Großen) von Preußen in Potsdam, den Bachs

S. 7:
Arnstadt, Bach-
denkmal auf dem
Marktplatz, 1985
zum 300. Ge-
burtstag von Bach
nach einem Ent-
wurf von Bernd
Göbel aus Halle
errichtet.

Sohn und dortiger Kapellmeister, Carl Philipp Emanuel, vermittelt hatte.

Bach trat immer weniger öffentlich in Erscheinung, ein Augenleiden verschlimmerte sich durch misslungene Operationen im März/April 1750, schließlich erblindete er. Am 28. Juli 1750 verstarb Johann Sebastian Bach in Leipzig. Sein überaus umfangreiches musikalisches Werk geriet in der Öffentlichkeit und in breiteren Musikerkreisen in den nächsten Jahrzehnten weitgehend in Vergessenheit, seine handwerkliche Meisterschaft blieb dagegen eher anerkannt. Große Komponisten wie Mozart, Beethoven und Schubert äußerten dennoch ihre Bewunderung für den fast vergessenen Meister.

Erst 1829 leitete Felix Mendelssohn-Bartholdy mit der Aufführung von Bachs Matthäus-Passion in Berlin eine Bach-Renaissance in der Öffentlichkeit ein. Obwohl Bach keine direkte künstlerische Nachfolge hatte, beschäftigten sich zahlreiche Komponisten des 19. und 20. Jahrhunderts – auch ganz unterschiedlicher musika-

Titelseiten der Beschreibung über das Leben und Werk Johann Sebastian Bachs von J. F. Forkel aus dem Jahr 1802.

lischer Richtungen – mit seinem Werk. Auch musikalisch weit entfernte Komponisten wie Franz Liszt oder Richard Wagner setzten sich mit Bachs Musik auseinander, die Orgelmusik Charles-Marie Widors suchte dagegen die Nähe zu Bach, um hier nur wenige Beispiele zu nennen. Zu den bekanntesten Bearbeitern der Musik Bachs zählen Charles Gounod und Ferruccio Busoni. Die Musik Bachs gehört heute nicht nur zum festen Repertoire in Kirchen und klassischen Konzertsälen, seine Melodien und Ideen finden sich gelegentlich selbst in ganz anderen Bereichen wie dem Jazz, Rock, Pop oder Hip-Hop wieder.

Heute gehört Bach unbestritten zu den größten Musikern und Komponisten überhaupt, sein Werk ist in einem gewaltigen Umfang von Ausgaben, Aufnahmen und Aufführungen sowie einem umfassenden Schrifttum in der ganzen Welt präsent.

Wie bei keinem anderen Musiker steht Johann Sebastian Bachs Name als Inbegriff für die Vollendung barocker Musik. Wenn von einem barocken Instrumentalkonzert die Rede ist, dann werden bald die „Brandenburgischen Konzerte" genannt. Bei Orgelmusik denkt man zuerst an Bach und sein Paradestück für Orgel überhaupt, die Toccata mit Fuge in d-moll. In ihrer Vollendung und Intensität sind seine Messen, Kantaten, Oratorien und Stücke wie die Matthäuspassion für viele Kirchenmusik schlechthin. Wer ein Tasteninstrument lernt, wird früher oder später auf Bach stoßen, Meisterwerke der Klavier- und Cembalomusik wie die Goldberg-Variationen, das „Wohltemperierte Klavier", die französi-

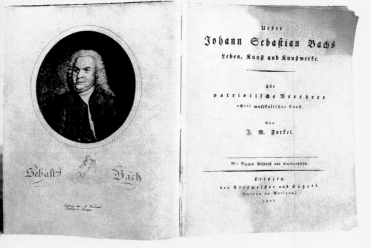

Life and work of Johann Sebastian Bach

When Johann Sebastian Bach was born on the 21st of March in the year 1685, nobody anticipated that he would become one of the greatest composers of musical history. His father Johann Ambrosius descended from a big musician-family in Thuringia, his mother was Elisabeth Bach, born Lämmerhirt. Johann Sebastian Bach became an orphan at the age of 10 and was raised by his brother Johann Christoph, who worked as an organist in Ohrdruf. In 1700 J. S. Bach joined the Michaelis-School in Lüneburg. At the age of 18 Bach was hired by Prince Johann Ernst of Saxe-Weimar to play the violin at the prince's court. Soon after that, he worked as an organist in the new church of Arnstadt. From there he travelled to Lübeck to meet the composer and organist Dietrich Buxtehude. In the year 1707 Bach became an organist in the St.-Blasius-Church of Mühlhausen (Thuringia) and soon after that he married his first wife Maria Barbara Bach.

In the year 1708 Bach went to the Weimarian court of duke Wilhelm Ernst of Saxe-Weimar to become a chamber musician, and in the year 1714 he also became conductor. Being the conductor Bach was obligated to compose music-pieces frequently. 1717 Bach had a great fight with his employer and left this court to join the court of the duke of Anhalt-Köthen. In Köthen his wife died in the year 1720. From this marriage 7 children descended, from whom the sons Wilhelm Friedemann and Carl Philip Emanuel Bach should also become great composers. In the following year Bach married the singer Anna Magdalena Wilcken and from this marriage 13 children descended, from which Johann Christoph Friedrich and Johann Christian Bach also became well-known composers.

In the year 1723 Bach left Köthen and went to Leipzig, his last and longest place of residence, to become the musical director of the two main churches. In the year 1729 he also took over the direction of a „Collegium Musicum". The music of the as a organist, expert, teacher and composer well-liked Bach was called unmodern and complicated by his fellows more frequently. Because of that he drew back from the public. Fashion changed and the audience now preferred the more galant style of the rokoko period. The heavy style of the baroque period was not requested any longer. Bach's career reached its last zenith in the year 1747 when visiting the King Friedrich II. from Prussia in Potsdam. This visit had been arranged by Bach's son and conductor Philipp Emanuel Bach.

Bach was not seen in the public very often any longer and a illness of the eyes became even worse after some failed operations and in April of the year 1750 he finally grew blind. On the 28th of July in the year 1750 Johann Sebastian Bach died in Leipzig. His very extensive musical work was forgotten by the public during the next decades, but his handicraft masterpiece was still appreciated. Great composers like Mozart, Beethoven and Schubert stated their admiration for the almost forgotten master.

Through the performance of Bach's Matthew-Passion by Felix Mendelssohn Bartholdy a Bach revival took place in the public. Although Bach had no direct artistical descendants a lot of composers of the 19th and 20th century dealt with Bach's music. Even musically unrelated musicians like Franz Liszt or Richard Wagner dealt with Bach's work. The most well-known musicians that worked with Bach's music where Charles Gounod and Ferrucio Busoni. Bach's music does not only belong to the repertory in church and concert hall, its melodies and ideas can also be found in totally different areas like Jazz, Rock, Pop or Hip-Hop.

Today Bach is counted to the greatest musicians and composers of all times and his work is still present in the whole world.

schen und englischen Suiten und vieles andere stammen aus seiner Feder. Bach selbst griff in seinen Werken die historische Musik von den gotischen Musiktraditionen bis hin zur Kunst seiner Zeitgenossen wie Buxtehude, Vivaldi, Pachelbel oder von französischen Komponisten auf, um mit einem scheinbar unerschöpflichen Einfallsreichtum stets etwas Neues daraus zu schaffen. Sein komplexes Werk besticht durch den Reichtum seiner Melodienerfindungen, durch perfekte handwerkliche Beherrschung der musikalischen Formen wie der Harmonielehre, der Tonarten und des Kontrapunktes. Gleichfalls charakteristisch für Bach sind gekonnt eingesetzte Dissonanzen, die den Weg in neue Klangwelten öffneten, die dem an die Moderne gewöhnten Hörer überraschend nahe stehen können. Seine Suche nach Ordnung und Systematik zeigen Zyklen wie etwa das „Wohltemperierte Klavier". Sein Leben hindurch strebte Bach nach immer größerer Meisterschaft und Vollendung in seiner Musik und begnügte sich nie mit dem bereits Erreichten. Vor allem besitzen seine Kompositionen über die perfekte Form hinaus eine zeitlose Dimension von Ausdruck, Intensität und Dramatik, die schon zu seiner Zeit Maßstäbe setzte und bis heute die Interpreten und den Zuhörer fordert, seine Musik und ihren Gehalt immer wieder neu auszumessen und zu entdecken.

Wenn man sich mit Bachs Lebensumständen beschäftigt, wird es eher schwerer als leichter zu verstehen, wie er ein solches Werk überhaupt schaffen konnte. Er hatte eine Reihe von Pflichten zu erfüllen, als Organist, als Hof- und Kirchenmusiker, als Chor- und Orchesterleiter, als Lehrer sowie als Gutachter. Als Familienvater war er gefordert: aus seinen zwei Ehen sind 20 Kinder hervorgegangen, von denen allerdings etwa die Hälfte schon früh verstarben. Dazu kommen zahlreiche Reisen und bis zu seiner endgültigen Niederlassung in Leipzig einige Wechsel des Wohnortes. Neben diesen Verpflichtungen musste er die Zeit für seine Kompositionen finden.

Sein Talent wurde Bach sicherlich schon in die Wiege gelegt, er stammt aus einer einzigartigen Musikerfamilie, so wurden nicht zuletzt einige seiner Söhne ebenfalls Musiker und Komponisten und waren zu Lebzeiten teilweise berühmter als ihr Vater. Bekannt sind Johann Sebastian Bachs großer Lernwille und sein stetes Interesse für die Musik seiner Zeit, die er fast wie ein Schwamm aufsog. Er bewältigte seine Aufgaben mit enormem Fleiß, großer Disziplin und grundsolider handwerklicher Sorgfalt.

Eine der wichtigsten Konstanten in seinem Leben war sein tiefer, unerschütterlicher Glaube und seine Verwurzelung in der protestantischen, lutheranischen Kirche. Die Unterscheidung zwischen geistlicher und weltlicher Musik spielte für Bach keine Rolle, da Gott für ihn überall gegenwärtig war. Dazu passt seine Bescheidenheit, seine demütige Hingabe an sein Werk und der überwiegende Verzicht auf äußerlichen Ruhm und Ehre. Der große Einfluss seines Glaubens auf sein Leben ist unübersehbar. Es fällt auch auf, dass Bach etwa für die rein „weltlichen" populären Musikgattungen Oper und Ballett nichts komponierte. Man sollte jedoch nicht vergessen, dass Bach immer wieder auch als „weltlicher" Musiker tätig war und hier ebenso ambitioniert nach höchster Vollendung strebte. Die Angelegenheiten seines Lebens regelte Bach mit Geschick, Humor und einer gewissen Portion Streitlust, die hin und wieder aktenkundig wurde. Diese Facetten mögen einige Seiten der Person Bachs beleuchten, sein Genie erklären sie nicht. Was von Johann Sebastian Bach einerseits geblieben ist, ist seine Musik, soweit die Noten erhalten geblieben oder auffindbar sind. Andererseits gibt es noch die Stätten seines Lebens und Wirkens. Trotz vieler Zerstörungen durch die Zeit und Kriege haben sich eine Reihe von Kirchen und Gebäuden erhalten, die mit dem Namen Bachs verknüpft sind, oft sind es allerdings nur noch die Orte. Dieses gilt ebenso für etliche Orgeln, die mit dem Namen Bach verbunden werden. Sie haben mit den von Bach bespielten Instrumenten oft nicht mehr als den Aufstellungsort oder das Aussehen gemeinsam, günstigstenfalls bestehen sie aus Teilen der originalen Substanz.

Den vollständigen Lebensweg Bachs nachzuzeichnen ist kaum möglich und auch nicht das Ziel dieser Schrift. Nicht alle Aufenthalte und Stationen seiner Lebensbahn sind gesichert, andere sind nicht mehr bekannt oder werden vielleicht erst noch von der unermüdlichen Forschung entdeckt. So ist dieses Buch als Wegweiser gedacht, sich auf den Spuren Bachs zu bewegen, seine Lebensorte und Gedenkstätten zu besuchen. Bei der Auswahl standen vorzugsweise diejenigen Orte im

Vordergrund, an denen sich Bach nachweislich aufgehalten hat. An diesen Orten gibt es für Musik- und Kulturinteressierte viel Kunst und Geschichte zu entdecken, die sich erhalten hat und heute noch erlebbar ist, Orte, die Bach geprägt haben und vielleicht auch von ihm geprägt wurden. Dieses Buch möchte dazu anregen, die Orte und die oft reichen Kunst- und Kulturschätze dieser Stätten kennenzulernen, die Bach bewohnte und besuchte, der Blick soll hierbei auch über das Thema „Bach" hinausgehen. Ein Schwerpunkt liegt hier naturgemäß auf den Bundesländern Thüringen, Sachsen und Sachen-Anhalt. Vollständigkeit ist hier schwer zu erreichen und sicherlich ist manche Auswahl subjektiv. Es ist mit einer Landschaft oder einer Stadt wie mit einem Musikstück: jeder kann es für sich entdecken, dessen Sinne dafür offen sind.

Bachdenkmal in Köthen.

Altenburg

Schlosskirche, Anfang 15. Jahrhundert.

Seine Tätigkeit als Gutachter führte Bach im September 1739 in die Residenzstadt Altenburg, wo er die Orgel der Schlosskirche zu prüfen hatte. Die Orgel war von Heinrich Gottfried Trost (um 1681–1759) in vierjäh- riger Bauzeit entstanden. Bach war mit dem Werk zufrieden, er bescheinigte *„dass es gut dauerhafft sey, und dass der Orgelmacher in Ausarbeitung ieder Stimme Eigenschafft und behöriger Lieblichkeit wohl reussieret habe."* Eini-

Altenburg was first mentioned in 976. In the 12th and 13th century the german emperors and kings often stayed there.
Because Bach was an expert he first came in September 1739 to the residential city Altenburg, where he had to check on the organ of the castle's church. The organ was built by Heinrich Gottfried Trost (about 1681–1759) in a period of 4 years. Bach was very content with the work. A couple of years after Bach's death his student Johann Ludwig Krebs became an organist in the castle's church, and stayed there from 1756 until his death in the year 1780.

ge Jahre nach Bachs Tod erhielt sein Schüler Johann Ludwig Krebs die Organistenstelle in der Altenburger Schlosskirche, die er von 1756 bis zu seinem Tod 1780 innehaben sollte.

Die Anfänge Altenburgs gehen auf die 976 erstmalig erwähnte Burg zurück, auf der im 12. und 13. Jahrhundert unter den Staufern Hoftage stattfanden und häufige Kaiser- und Königsaufenthalte bekannt sind. Die nahegelegene Marktsiedlung entwickelte sich zur 1205 als „civitas" bezeichneten Stadt. 1229 gelangte die Stadt in die Hand der Markgrafen von Meißen und der ihnen nachfolgenden sächsischen Kurfürsten und Herzöge. Von 1603–1672 und 1826–1918 war Altenburg Residenz eines eigenständigen Herzogtums. Besonders in der Zeit der Herzöge von Sachsen-Gotha erhielt Altenburg im 18. Jahrhundert die bauliche Ge-

staltung als Residenzstadt. Unter Herzog Friedrich II. (1691–1712) wurden das Schloss erweitert und umgebaut, der Schlosspark neu gestaltet sowie einige bedeutende Barockbauten errichtet.

Auf einem steil abbrechenden Bergsporn erhebt sich das **Schloss** über Altenburg, seine Gebäude sind ringförmig um den Hof gruppiert. Zu den ältesten Teilen gehören der nördliche Rundturm, die sogenannte Flasche aus dem 11. Jahrhundert, und der runde Hausmannsturm im Hof, wohl der ehemalige Bergfried aus dem 12./13. Jahrhundert. Man betritt das Schloss durch die spätmittelalterliche Befestigung und an zwei Obelisken von 1727 vorbei durch das 1727/30 entstandene barocke Triumphtor.

An markanter Stelle zur Stadtfront hin gelegen ragt die ehemalige Stifts-

Innenraum der Schlosskirche.

Info:
**Altenburg –
Fremdenverkehrsamt**
Moritzstraße 21
04600 Altenburg
Tel.: 03447/594174
www.stadt-altenburg.de

Schloss- und Spielkartenmuseum
Schloss 2–4
04600 Altenburg
Tel.: 03447/315193
Fax: 03447/502661
geöffnet: Di–So
9.30–17 Uhr

*Schloss, offene drei-
geschossige Galerie
und Treppenturm,
Umbau 1605–9
durch den Dresd-
ner Hofbaumeister
Melchior Brenner
und den Steinmet-
zen Wolf Rieth.*

und Schlosskirche St. Georg auf. Der heutige Bau ersetzte eine 1413 geweihte Kapelle, 1439–41 wurde der Chor mit seinen kunstvollen Gewölben erbaut, 1463–65 das Hauptschiff angefügt und 1472/73 um das nördliche Seitenschiff erweitert. 1645–49 folgte eine Neuausstattung. Die Trost-Orgel von 1735–39 ist mit ihrem unter Johann Jeremias Martini entstandenen prächtigen Orgelprospekt an der Nordseite des Chores erhalten. Die originale Disposition wurde durch einen Umbau im 19. Jahrhundert verändert und 1974–76 wieder rekonstruiert.

Westlich der Kapelle schließt sich die Dreiflügelanlage des Schlosses mit einem nördlichen Festsaalflügel an, die in mehreren Bauphasen im 17. und 18. Jahrhundert entstand. Im zweiten Obergeschoss befindet sich der Johann-Sebastian-Bach-Saal, der 1905/06 von Bodo Ebhard in Neurenaissanceformen ausgestattet wurde. Im Schloss ist das Schloss- und Spielkartenmuseum eingerichtet.

Die gut erhaltene **Altstadt** besitzt zahlreiche sehenswerte Gebäude und ein intaktes historisches Ortsbild.

Das **Rathaus** am Markt gilt als eines der schönsten Renaissance-Rathäuser Deutschlands, 1561–64 nach Plänen von Nikolaus Gromann unter Caspar Böschel erbaut. Die ehemalige Augustinerchorherrenstiftskirche **St. Maria** wurde wohl 1172 in Gegenwart Kaiser Friedrich I. Barbarossa geweiht. Sie diente bis 1328 als Grablege der Altenburgischen Burggrafen. Nachdem die Kirche 1588 abbrannte, diente sie nach Umbau 1669–1805 als Waisenhaus. Ihre erhaltene, 1871/72 restaurierte Doppelturmfassade mit den „Roten Spitzen" ist eines der Wahrzeichen Altenburgs. Die spätmittelalterliche evangelische **Bartholomäikirche** ersetzt einen 1215 erstmals erwähnten Vorgängerbau, von dem sich noch die Krypta erhalten hat. Die heutige dreischiffige Hallenkirche wurde 1428 begonnen und – nach Bauunterbrechungen ab 1430 wegen des Hussiteneinfalls – 1441–43 vollendet. Die ehemalige Doppelturmanlage wurde 1660–69 durch einen einzigen Westturm ersetzt.

*links: Orgel (1735–9) der Schlosskirche des
Orgelbauers Tobias Heinrich Gottfried Trost
(1673–1759), inschriftlich 1738 datiert und
1739 von Bach abgenommen.*

Being in good maintenance the old part of the city has many buildings worth seeing. Facing the city stands the castle-church. The building of today replaces a chapel, which had been consecrated in 1413. 1439–1441 the choir with its elaborate arches was built, 1463–1465 the main part was added. In the years between 1645/79 the church was newly equipped. The Trost-organ from 1735–39, which was crafted under Johann Jeremias Martini is still preserved at the northern side of the choir. The original arrangement was altered in the 19th century but reconstructed in the years between 1974–1976.

oben: Schloss-Innenhof mit rundem Turm (sog. Flasche, 11. Jahrhundert, links) und Hausmannsturm, wohl ehem. Bergfried (12./13. Jahrhundert).

links: Rathaus, 1561–4 von Nikolaus Gromann erbaut, 1663 und 1864 renoviert, 1923/24 erweitert.

unten: Schloss, Innenraum, 1. Drittel 18. Jahrhundert.

Arnstadt

Holzmarkt 5/ Ledermarkt 7, vermutlich Wohnung von Johann Sebastian Bach.

S. 17: Liebfrauen- kirche (um 1200– um 1330), eine der bedeutendsten spät- romanisch-frühgoti- schen Kirchenbau- ten Thüringens.

unten: Hopfenbrun- nen von 1573 mit Ritterfigur vor der Bachkirche.

Nachdem Bach seine Schulzeit in Lü- neburg beendet hatte, und nach sei- nem kurzen Weimarer Gastspiel er- hielt er in Arnstadt seine erste Stelle als Organist. Hier hatte der erst 18- jährige Bach im Juli 1703 die Orgel der Neuen Kirche (heute Bachkirche) zu prüfen und dabei einen solchen Eindruck hinterlassen, dass seine Probe der Orgel als bestandene Orga- nistenprüfung für ihn gewertet wur- de, und er am 9. August 1703 die An- stellung als Organist erhielt.

Diese Tätigkeit ermöglichte ihm, sich neben dem Orgelspiel ausführlicher mit der Komposition zu beschäfti- gen. Bach war gleichzeitig dem Stadt- rat und dem Konsistorium, der kirch- lichen Behörde, untergeordnet. Nun sollte Bach die Aufgaben eines Kan- tors mitübernehmen und Chorpro- ben mit den Schülern der Lateinschu- le abhalten. Hierzu war er vertraglich nicht verpflichtet und führte daher die Chorproben nur widerwillig durch. Er wurde deswegen mehrfach

vom Konsistorium vorgeladen. Eine handgreifliche Auseinandersetzung mit einem Chorschüler, bei der sich Bach mit dem Degen zur Wehr ge- setzt hatte, fand das Konsistorium ebensowenig erbaulich.

Fasziniert von der Musik des be- rühmten Organisten Dietrich Buxte- hude, erbat sich Bach einen Monat Zeit, um nach Lübeck zu reisen und Buxtehude dort kennenzulernen. Diese Reise dehnte Bach unerlaubt auf etwa vier Monate aus. Nicht nur deswegen wurde er im Februar 1706 erneut vor das Konsistorium zitiert, hier wurden ihm zusätzlich musika- lische Kühnheiten, seine Improvisa- tions- und Experimentierlust ange- kreidet: *„Halten Ihm vor, dass er in dem Choral viele wunderliche variationes ge- machet, viele frembde Thone mit einge- mischet, dass die Gemeinde darüber con- fundiret worden."*

Im November erregte Bach erneut Anstoß, da er eine *„frembde Jungfer"* auf die Chorempore gebeten hatte

rechts und S. 19:
Bachkirche,
1673–83 nach
Plänen von An-
dreas Rudolph,
Orgel von Chris-
tian Wender d. Ä.
1701–3, erneuert
1913, originaler
Spieltisch in der
Bachausstellung
(s. S. 23).

unten: Rathaus
(1583–5 nach
Plänen von Chris-
toph Junghans,
Bachkirche
(1673–83) und
Bachdenkmal
(1985).

Having finished his time in school in Lüneburg and after a short guest performance in Weimar, Bach earned his first position as an organist in Arnstadt. Bach, being only 18 years old, had to examine the organ of the New Church (today: Bach Church) and made such a good impression, that this rehearsal was considered as a passed organist-exam. On the 9th of August 1703 Bach became the organist. Permanent fights with the consistory caused Bach to look for a new position as an organist. In April 1707 he applied for the position in Mühlhausen. 1708 his uncle Johann Ernst Bach earned Bach's old position. A lot of Bach's relatives lived in Arnstadt, where they worked as organists, precentors and so on.

und dort musizieren ließ. Wohl nicht zuletzt diese ständigen Reibereien mit dem gestrengen Konsistorium veranlassten Bach, sich nach einer neuen Stelle umzusehen. Im April 1707 bewarb er sich in Mühlhausen und übergab am 29. Juli 1707 dem Arnstädter Rat sein Entlassungsgesuch. 1708 wurde sein Vetter Johann Ernst Bach sein Amtsnachfolger in der Neuen Kirche. In Arnstadt wohnte eine ganze Reihe von Mitgliedern der Familie Bach, die über einen längeren Zeitraum wichtige Stellen als Kantoren und Organisten, Hof- oder Stadtmusiker innehatten.

Die sogenannte **Bachkirche** ist die älteste Pfarrkirche der Stadt. Sie war

Gedenktafel von 1896 an der Bachkirche.

Neutorturm, 14. Jahrhundert, polygonales Obergeschoss 1448 und 1588.

ursprünglich dem hl. Bonifatius geweiht. Die spätgotische Kirche von 1444 wurde durch den Stadtbrand von 1581 zerstört. An ihre Stelle errichtete man 1673–83 nach Plänen von Andreas Rudolph den heutigen Bau. In den Neubau wurden Teile des alten Mauerwerks und ein südlicher Anbau von 1477 integriert. Der Bau erhielt nun die Bezeichnung „Neue Kirche". 1912/13 kam es zu einer größeren Restaurierung. Der Kirchenname wurde 1935 in Andenken an die Amtszeit Bachs in „Bachkirche" umgeändert.

Die Bachkirche ist ein großer Rechtecksaal mit einem dreiseitigen polygonalen Chorschluss, dessen mittleres Wandfeld mit drei spätgotischen Maßwerkfenstern ungewöhnlich breit ist. Über diesem Wandfeld erhebt sich ein Giebel in Gotik- und Renaissancefor-

men. Der Innenraum ist mit einer Holztonne gewölbt, die doppelgeschossigen Seitenemporen gehen im Chorbereich in eine Arkade von 1776 über. Der Chor wird von einer verglasten Sakristeiloge mit einer Galerie darüber umlaufen, in der Mittelachse ist der Kanzelaltar angebracht. Die Westempore trägt die von Johann Christian Wender d. Ä. aus Mühlhausen 1703 vollendete Orgel, der geschnitzte Orgelprospekt ist ein Werk von Christoph Meil. Nach mehreren Veränderungen wurde die Wender-

On the Market Square near the Bach Church a memorial was erected in 1985 for the 300th birthday of Bach. The memorial is made of bronze after a design from Bernd Göbel from Halle. Youthful Bach sits with stilted legs on his organ-bench, with his head held high proudly. Göbel succeeded in creating an unconventional but still personal memorial for the master.

S. 21: Bachdenkmal auf dem Marktplatz.

rechts: Bachdenkmal und „Galerie" am Marktplatz (östliche Häuserfront von 1673 unter Verwendung der Säulen der durch Brand stark beschädigten Vorgängergebäude von 1585).

Orgel 1913 weitgehend erneuert, der originale Spieltisch ist heute im Haus zum Palmbaum zu sehen. Der Innenraum birgt etliche bemerkenswerte Grabdenkmäler aus dem 16. bis 18. Jahrhundert. Die Kreuzigungsgruppe in der nördlichen Vorhalle (um 1700) stammt von Heinrich Christoph Meil. Zwei Gedenktafeln von 1896 und 1957 erinnern an das Wirken Bachs in dieser Kirche.

Auf dem neben der Bachkirche gelegenen Marktplatz wurde 1985 zum 300. Geburtstag von Bach ein **Bronzedenkmal** nach einem Entwurf von Bernd Göbel aus Halle aufgestellt. Der jugendliche Bach sitzt mit lässigaufsässig abgespreitzten Beinen auf seiner Orgelbank, sein Kopf ist stolz erhoben, der mit jugendlichem Ungestüm gegen das strenge Reglement von Stadt und Gemeinde aufbegehrt. Göbel gelang ein unkonventionelles und dennoch persönliches Denkmal für den Meister.

Sehenswert ist weiterhin das **Rathaus**, 1582–68 unter dem Baumeister Christoph Junghans unter teilweiser Verwendung des Vorgängerbaus von 1501 errichtet. Der Bau zeigt Einflüsse der niederländischen Renaissance nach dem Vorbild der Neidecksburg. Ebenfalls am Markt steht das **Haus zum Palmbaum** von 1583–93, das 1740 barock verändert wurde. Hier lohnt eine **Bach-Ausstellung** mit dem Spieltisch der Wender-Orgel von 1703 einen Besuch.

Ob die **Häuser „Zur goldenen Krone"** und das **„Steinhaus"** Ecke Ledermarkt/Holzmarkt, nahe der Bachkirche, früher Bach zeitweise als Wohnung dienten, wird vermutet, ist jedoch nicht belegt. Weitere **Wohnungen von Mitgliedern der Bach-Fami-**

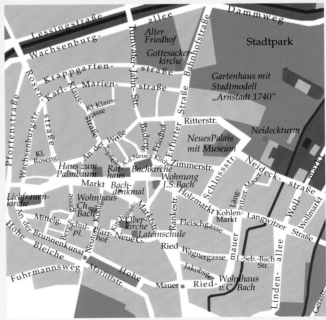

Gottesackerkirche (kath. Pfarrkirche St. Elisabeth), als Zentralbau 1738–43 nach Plänen des J. W. König auf dem ehem. Alten Friedhof, auf dem zahlreiche Bach-Familienangehörige begraben wurden, erbaut. Die Gräber sind nicht erhalten.

Jakobsgasse 13/15, Vorgängerbau war Wohnhaus von Caspar Bach 1635-42.

Kohlgasse 7, Wohnhaus von Johann Christoph Bach 1687-93, Zwillingsbruder von J. S. Bachs Vater.

lie finden sich in der **Neutorgasse** (Wohnung von Bachs Großvater Christoph Bach † 1661), **Zimmerstraße 18** (Heinrich Bach † 1692), **Kohlgasse 7** (Bachs Onkel Johann Christoph † 1693) und **Jakobsgasse 13/15** im Hotel „Goldene Sonne".

Auf dem 1537 angelegten **Alten Friedhof** fanden 24 Mitglieder der Bach-Familie ihre letzte Ruhestätte, deren Grabstätten allerdings nicht mehr auffindbar sind. Der Ende des 19. Jahrhunderts geschlossene Friedhof wurde bis 1926 in eine Parkanlage umgestaltet, an der 1738–1743 erbauten **Gottesackerkirche** (St. Elisabeth) erinnert eine Gedenktafel an die Angehörigen der Bach-Familie.

In der zum Marktplatz führenden Kirchgasse liegt die **Oberkirche**, die ehemalige Franziskanerklosterkirche und seit 1581 die Hauptkirche der Stadt. Der einschiffige Bau entstand Ende des 13. Jahrhunderts, 1461 der nördliche Glockenturm mit einer welschen Haube von 1746. Der Innenraum wird von einer barocken Holztonne überspannt, die 1715 eingebauten Emporen sind nicht mehr vollständig vorhanden. Erhalten sind ein Fürstenstand von 1595. Von Burkhard Röhl stammen die manieristische Kanzel, Altar und Taufbecken (1625–1642).

In der Neuen Gasse 3 befindet sich die **ehemalige Lateinschule**, die zum Franziskanerkloster gehörte. Es gehörte zu den Pflichten der Schüler, als Chorknaben oder Instrumentalisten die Gottesdienste in der Oberkirche und wohl auch in der Neuen Kirche musikalisch zu begleiten, so wie es Bach in seiner Schulzeit getan hatte.

Die **Liebfrauenkirche** in spätromanisch-frühgotischen Formen gehört zu den bedeutendsten Bauten in dieser Zeit in Thüringen. Die Kirche wurde um 1200 als dreischiffige, flachgedeckte Emporenbasilika begonnen. Um 1240 folgte ein Planwechsel mit Verzicht auf Emporen und Einbau von Kreuzrippengewölben im Mittelschiff und reicheren Formen nach Maulbronner Vorbildern. Um 1280 schloss sich der Neubau des Querhauses und hochgotischen dreischiffigen Hallenchores an, unter anderem nach Marburger Vorbild, wohl bis etwa 1330. Die Fertigstellung des Nordturms der Westfassade gehört zu dieser gotischen Bauphase, die sich vom spätromanischen Südturm abhebt. Die nach 1813 ungenutzte Kirche wurde 1880–86 umfassend restauriert, die Westtürme Anfang des 20. Jahrhunderts neu aufgemauert. Das Nordportal und die Plastik zeigen französische Einflüsse.

Neben einer Fülle qualitätsvoller Bauplastiken besitzt die Liebfrauenkirche etliche bemerkenswerte Grabdenkmäler des ausgehenden 14. Jahrhunderts.

Schloss Neideck ist heute Ruine. Die erstmals 1273 erwähnte Burg kam 1332 an die Grafen von Schwarzburg. Aus dieser Epoche stammen der erhaltene Bergfried und einige Mauern. 1553–60 entstand unter dem nieder-

**BACHAUSSTELLUNG
IM HAUS „ZUM PALMBAUM"**

*oben: Kirche in Gehren, Wohnort Johann
Michael Bachs, Gemälde.
oben rechts: Haus „Zum Palmbaum".*

*Originaler Spiel-
tisch der Wender-
Orgel von 1703.*

ländischen Architekten Gerhardt van
der Meer eine Vierflügelanlage, die
heute weitgehend abgebrochen ist.
Der 65 m hohe **Neideckturm** mit seinem Aufbau von 1554 ist das Wahrzeichen von Arnstadt. Auch der Neideckturm ist mit dem Namen Bach
verbunden. Auf ihm hatte 1620–1635
Caspar Bach als Türmer und Stadtpfeifer am Hof gedient, zudem war er
als Hofmusiker angestellt.

Sehr sehenswert sind zudem das
Stadtmodell „Arnstadt um 1740" im
Gärtnerhaus des Arnstädter **Schloss-
gartens** und die **weltweit größte ba-
rocke Puppenstadt „Mon Plaisir"** im
Schlossmuseum des Neuen Palais.

*Stadtmodell
„Arnstadt um 1740"
im Gärtnerhaus.*

Info:
**Stadtmarketing
Arnstadt GmbH**
99310 Arnstadt
Tel.: 03628/602049
Fax: 03628/660167
geöffnet:
Mo–Fr 10–18 Uhr
Sa 10–13 Uhr
www.arnstadt.de

*unten links:
Schloss Neideck.
Im Turm wohnte
bis 1635 Caspar
Bach.
unten rechts:
Neues Palais.*

Berlin

Im Vorgängerbau der heutigen Friedrichwerderschen Kirche wurde Bachs Patenkind, das erste Kind seines Sohnes Carl Philipp Emanuel, getauft.

Schloss Charlottenburg ist nach der Zerstörung des Stadtschlosses das bedeutendste barocke Bauwerk Berlins. Der erste Bauabschnitt wurde 1695 von Arnold Neringer als Sommerschloss für die Kurfürstin Sophie Charlotte in damals ländlicher und bewaldeter Landschaft begonnen und 1699 unter Martin Grünberg vollendet. Bis 1791 erfolgten stetig Erweiterungen.

Dass der Name Berlins im besonderen Maße mit Bach verbunden ist, liegt weniger an einigen eher unbedeutenden Aufenthalten Bachs, sondern in der Tatsache, dass Berlin lange nach seinem Tod der bedeutendste Sammelort der Archivalien und Quellen zu Bach und seiner Familie geworden ist.

Von Bach sind vier Aufenthalte bekannt. 1719 war er nach Berlin gereist, um dort beim renommierten Hofinstrumentenbauer Michael Mietke ein Cembalo (clavecin) zu kaufen. Ein weiterer Aufenthalt ist 1741 überliefert. Hier erhielt er zwei Briefe mit der Bitte, wegen einer schweren Krankheit seiner Frau Anna Magdalena sofort nach Leipzig zurückzukehren. Warum sich Bach in Berlin aufhielt, ist nicht bekannt.

Am 10. Dezember 1745 ist Johann Sebastian Bach als Taufpate für das erste Kind seines Sohnes Carl Philipp Emanuel vermerkt, das in der **Friedrichwerderschen Kirche** getauft wurde. Der damalige Kirchenbau ist nicht mehr vorhanden. Er wurde durch die erste neugotische Backsteinkirche Berlins – die Friedrichswerdersche Kirche (1824–30) – nach Plänen von Schinkel ersetzt (heute Schinkel-Museum mit einer Ausstellung „Berliner Skulpturen des 19. Jahrhunderts").

Nach seiner bekannten Fahrt nach Potsdam im Jahre 1747 besuchte Bach noch einmal Berlin, wo er in der Wohnung seines Sohnes Carl Philipp Emanuel Quartier nahm. Seine Söhne Carl Philipp Emanuel und der mitgereiste Wilhelm Friedemann berichteten später, Bach habe bei dieser Gelegenheit die neue königliche Hofoper unter den Linden besichtigt, die 1741–43 von Georg Wenzeslaus von Knobelsdorff errichtet wurde, die heutige **Deutsche Staatsoper**. Es ist der erste selbständige Theaterbau Deutschlands, d. h. es erfolgte erst-

After Bach's death Berlin became the most important place, where records and documents dealing with Bach and his family were collected. On the 10th of December 1745 Bach became godfather for his first grandson, who was baptized in the Friedrichwerder Church. The building does not exist anymore. It was replaced by the first neo-gothic brick church of Berlin.

After his journey to Potsdam in 1747 Bach visited Berlin once more, where he stayed with his son Carl Philipp Emanuel. During this journey, Bach was said to have visited the New Opera of the King, which had been built in the years between 1741-43 by Georg Wenzeslaus of Knobelsdorff. Today it is the German State Opera. This had been the first building, where Castle and Opera had been separated. The Opera was a free standing building with three main rooms: Apollo-Hall, Audience-Hall and Stage-Room.

mals eine räumliche und funktionale Trennung von Schloss und Hofoper als allseitig freistehendes Gebäude mit drei Haupträumen: Apollosaal, Zuschauerraum mit drei Logenrängen und Bühnenraum.

Eine erstrangige Forschungsstätte ist die **Staatsbibliothek zu Berlin – Preußischer Kulturbesitz**. Hier werden ungefähr 80% des erhaltenen Werknachlasses von Bach aufbewahrt, darunter annähernd 300 Autographe (Handschriftliche Stücke). Der seit 1813 in Berlin lebende Privatgelehrte Georg Poelchau konnte große Teile des Nachlasses des Bachsohnes Carl Philipp Emanuel an sich bringen. Mit Unterstützung des Komponisten Carl Friedrich Zelter und des Bankiers Abraham Mendelssohn legte die Berliner Singakademie eine umfangreiche Bibliothek von Werken Bachs an, die sich so schon früh um die Pflege Bachscher Musik verdient machte. Vor diesem Hintergrund kam es 1829 zu der berühmten Aufführung der Matthäus-Passion durch Felix Mendelssohn Bartholdy in Berlin, die eine Bach-Renaissance in der breiteren Öffentlichkeit einläuten sollte.

1747 besuchte Bach die Deutsche Staatsoper, die 1741–3 nach Plänen von Georg Wenzeslaus von Knobelsdorff errichtet wurde. Rechts dahinter steht die katholische Bischofskirche des Bistums Berlin St. Hedwig. Sie wurde nach Skizzen Friedrichs d. Großen 1747–73 von J. Boumann d. Ä. errichtet und der Innenraum nach Kriegszerstörungen 1952–63 von H. Schwippert neu gestaltet.

Info:
Berlin Tourismus Marketing GmbH
Am Karlsbad 11
10785 Berlin
Tel.: 030/250025
Fax: 030/25002424
www.btm.de
www.berlin-tourist-information.de
information@btm.de

Neben der Humboldt-Universität steht eine der größten wissenschaftlichen Bibliotheken, die Staatsbibliothek zu Berlin. Sie ist heute in diesem neobarocken Repräsentationsbau (1903–14) von Ernst von Ihne untergebracht. Hier werden 80 % des Werknachlasses von Bach aufbewahrt.

Orgel (1720/21) von Joachim Wagner mit einem Prospekt von Johann Georg Glume in der Marienkirche (um 1270 – Ende 15. Jahrhundert).

Nachdem die Sammlung Poelchau 1841 an die königliche Bibliothek (heute Staatsbibliothek) gekommen war, wurde der Bach-Bestand seitdem ständig durch den Ankauf weiterer Sammlungen und einzelner Handschriften erweitert. Ein besonderes Problem bei der Archivierung der Handschriften ist der fortschreitende Verfallsprozess der Materialien. Nur durch die kostspielige Entwicklung geeigneter Konservierungs- und Restaurierungsmethoden können die Originale Bachs vor der Vernichtung bewahrt werden und der Forschung weiterhin zugänglich bleiben.

The first place to look if researching on Bach, is the State Library in Berlin. Here approximately 80% of Bach's work is kept, including nearly 300 autographs (handwritten pieces).
The permanent decay of the material turned out to be a special problem concerning the archivation of the manuscripts. Only through the development of expensive conservation- and restoration-methods it is possible to prevent the pieces from total decay and keep them accessible for further research.

Celle

Ob Bach die niedersächische Stadt Celle jemals besucht hat, ist nicht nachgewiesen. Dennoch wird vermutet, er habe während seiner Lüneburger Zeit (1700–02) von dort aus bei einem oder mehreren Besuchen die Hofkapelle von Celle kennengelernt. In Celle regierte seit 1655 der Welfe Herzog Georg Wilhelm von Hannover, der mit Herzogin Eléonore Desmier d'Olbreuse verheiratet war und dort ein von französischem Geschmack geprägtes, glanzvolles Hofleben entfaltete. Er ließ Konzerte, Opern und Ballette aufführen, die 1666 gegründete, mehrheitlich französisch besetzte Hofkapelle entstand eventuell sogar unter Mitwirkung von Jean-Baptiste Lully. Ob der Lüneburger Tanzlehrer Thomas de la Selle, der in der Celler Hofkapelle spielte, die Verbindung zu Bach herstellte, ist ebenfalls nur eine Vermutung. Dennoch ist ein Aufenthalt Bachs in Celle naheliegend: am Hofe von Georg Wilhelm konnte er am ehesten die aktuelle französische (und italienische) Musik auf entsprechendem Niveau kennenlernen, der junge und bekanntermaßen lernbegierige Bach wird wohl die Gelegenheit genutzt haben, hier seinen musikalischen Horizont zu erweitern.

Das **Schloss** geht auf eine Burganlage von 1292 zurück, von der sich nur der Kern des Wohnturms erhalten hat. Herzog Albrecht begann Ende des 14. Jahrhunderts die Umwandlung in einen Fürstensitz. Ernst der Bekenner, der 1530 in Celle die Reformation eingeführt hatte, sowie sein Sohn Wilhelm d. J., wandelten das Schloss in eine Renaissanceanlage um. Der bedeutendste Raum ist die Schlosskapelle, die 1485 geweiht wurde. Um 1565 begann die Umgestaltung, die nicht vor 1568 vollendet war. Die Gemälde des Altares und des Gestühles stammen

Info:
Tourismus Region Celle
Markt 6
29221 Celle
Tel.: 05141/19433
Fax: 05141/12459
www.celle.de

Schloss Celle
Tel.: 05141/12373
Fax: 05141/550715
geöffnet:
April–Oktober:
Di–So 10–16 Uhr
November–März:
Die–So 10–15 Uhr

Schloss mit Renaissancefassade.

*oben und Mitte:
Rathaus mit
Renaissance-Farb-
fassung (oben).*

Nach seinem Tod 1705 blieb das Schloss weitgehend unbenutzt, 1772–5 wurde die verbannte Königin Caroline Mathilde von Dänemark hier untergebracht. Zur zweiten Residenz der Könige von Hannover diente es 1837–1866 und ging dann in preußischen Besitz über.

von dem Antwerpener Manieristen Marten de Vos und seiner Werkstatt, die den Raum beherrschende Renaissanceausstattung ist weitestgehend erhalten und gehört zu den wichtigsten Ausstattungen dieser Kunstepoche im Norden von Deutschland.

Unter Georg Wilhelm erlebte das Schloss seine Glanzzeit und wurde von italienischen Architekten und Stukkateuren erheblich ausgebaut, der Neubau des heute wiederhergestellten Schlosstheaters begann 1665.

*Fachwerkhäuser
prägen das Stadt-
bild.*

If Bach ever visited the city Celle is not quite clear today. Still it is assumed, that he visited the Chapel of Celle during his time in Lüneburg (1700–02).

It seems obvious that Bach visited Celle and the duke's courtyard, because here he was able to encounter the frequent French and Italian music on a higher level.

The palace used to be an old castle in the 13th century and was rebuilt in the 14th century by duke Albrecht. Ernest the Confessor turned the palace into a renaissance-building. The most important room is the chapel, which was consecrated in 1485. The renaissance equipment of the chapel belongs to the most important equipments of this epoch in the northern part of Germany.

Also worth seeing is the protestant church St. Mary. The 1308 consecrated gothic church was built in several phases and was remodelled in a baroque fashion, the neo-baroque west-tower was built in 1913. The church owns one of the most meaningful organs in northern Germany, which was built by Hermann Kröger and Berend Hus in 1653 shortly after the 30-year-old-war. The organ was restored and partly even reconstructed in 1997–99.

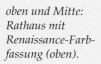

Weiterhin sehenswert ist die **evangelisch-lutherische Stadtkirche St. Marien**. Die 1308 geweihte, dreischiffige gotische Hallenkirche wurde in mehreren Bauphasen errichtet und schließlich barock umgestaltet, der neubarocke Westturm entstand erst 1913. Der Chor der Marienkirche diente als Grablege des Welfenhauses. Die Kirche besitzt eine der bedeutendsten Orgeln Norddeutschlands, 1653 von Hermann Kröger und Berend Hus kurz nach dem Dreißigjährigen Krieg erbaut, deren prachtvoller Prospekt erhalten blieb. Der Orgelprospekt und das Orgelwerk wurden 1997–1999 res-tauriert und teilweise rekonstruiert.

*Stadtkirche
St. Marien mit
Kröger-Hus-Orgel
von 1653.*

*Stadtkirche
von Süden.*

Dornheim

Info:
Dornheim
Kirchenbesichtigung:
nach Absprache mit
Herrn Neumann
(Vorsitzender des
Freundeskreises)
Tel.: 03628/48543

*oben: Kindergrabstein,
2. Hälfte 18. Jahrhun-
dert.
unten: Kanzelaltar von
Christoph Meil, 1724.*

Am 7. Oktober 1707 heiratete Bach in der **Bartholomäuskirche** von Dornheim seine erste Frau und Cousine zweiten Grades, Maria Barbara Bach (1684–1720). Maria Barbara war die Tochter von Michael Bach († 1694) aus Gehren, wo sie auf die Welt kam und getauft wurde. Spätestens nach dem Tod ihrer Mutter 1704 wurde sie bei Verwandten mütterlicherseits in Arnstadt untergebracht, möglicher- weise lebte sie schon seit dem Tod ih- res Vaters in Arnstadt. Wann und wo Bach seine Frau kennenlernte, wissen wir nicht. In einem Protokoll des Arnstädter Konsistoriums wird Bach vorgeworfen, dass er Ende 1706 ein- mal eine *„frembde Jungfer auf das Chor"* bat und dort musizieren ließ. Es wird vermutet, dass es sich bei dieser „Jungfer" um Maria Barbara handelte, sie stammte schließlich aus der Musikerfamilie der Bachs, dass sie selbst musizierte und mit Johann Sebastian die Liebe zur Musik teilte,

On the 7th of October 1707 Bach married his first wife and cousin Maria Barbara Bach (1684–1720) in the Bartholomew Church of Dornheim.
The Bartholomew Church was a romanic building, and pieces of that epoch are still visible in the tower. Today the building is of a late-gothic style which was built in the 15th century. There are still two altars left from that time. In the early 18th century the galleries were added, which can be reached from the outside through an ascent made of stone. In 1985 a new organ was added.

*oben: Retabel, Erfurt (?), um 1430.
unten: St. Bartholomäi von Westen.*

ist naheliegend. Johann Sebastian Bach war bereits am 15. Juni 1707 zum Organisten in Mühlhausen ernannt worden. Dass er nicht im Wohnort seiner Braut, in Arnstadt, sondern im unmittelbar östlich von Arnstadt gelegenen Dornheim heiratete, mag vielleicht in der Person des Dornheimer Pfarrers Johann Lorenz Strauber gelegen haben, der das Paar traute. Strauber war der Familie Bach vermutlich recht eng freundschaftlich verbunden, zumindest heiratete er ein halbes Jahr später eine Tante von Maria Barbara Bach.

Die Bartholomäuskirche geht auf einen romanischen Vorgängerbau zurück, von dem sich wohl Teile im Turm erhalten haben. Der heute spätgotische Bau entstand im 15. Jahrhundert, aus dieser Zeit haben sich die an der Nordwand des Chores zwei Altäre erhalten. Im früheren 18. Jahrhundert wurden die Emporen eingebaut, die von außen über einen steinernen Aufgang erreicht werden.

Der Bau wurde zuletzt 1985 umfassend restauriert. Bei dieser Gelegenheit erhielt die Kirche eine Orgel der Firma Schönefeld aus Stadtilm, die unter Verwendung eines barocken Orgelwerks aufgebaut wurde.

Orgel des Orgelbaumeisters Schönefeld aus Stadtilm, 1985. unten: Kirche und Torbau mit spätmittelalterlichem Fachwerk.

Dresden

S. 33:
Zwinger –
Höhepunkt euro-
päischer Barock-
architektur,
1711–8 von
Matthias Daniel
Pöppelmann und
dem Bildhauer
Balthasar Permo-
ser geschaffen –
mit dem Wallpa-
villon, der von der
Augustus-Herku-
les-Figur mit der
Weltkugel bekrönt
wird.

Bach reiste mindestens siebenmal in die Residenzstadt Dresden. Sein erster Aufenthalt führte ihn 1717 von Weimar aus nach Dresden, wo der französische Hoforganist Louis Marchand durch sein Spiel Furore machte. Bach sollte sich – bei der damaligen Gesellschaft durchaus beliebt – bei einem Wettspiel mit Marchand messen, das vermutlich im Palais des Grafen Jakob Heinrich Flemming stattfinden sollte. Dazu kam es jedoch nicht, da Marchand unmittelbar zuvor aus Dresden flüchtete. Der mit Bach bekannte Johann Abraham Birnbaum schrieb 1739 darüber, beinahe im Stil eines Kriegsberichterstatters: *„Sonder Zweifel mogte [mochte] der sonst so berühmte Franzose seine Kräfte zu schwach befunden haben, die gewaltigen Angriffe seines erfahrnen und tapfern Gegners auszuhalten."*
Am 19. und 20 September 1725 spielte Bach auf der Silbermann-Orgel in der **Sophienkirche**. Wiederum in der Sophienkirche gab Bach in Anwesenheit aller Hofmusiker am 14. September 1731 ein weiteres Konzert. Vermutlich hatte Bach am Tag zuvor die Dresdener Aufführung der Oper „Cleofide" des freundschaftlich mit ihm verbundenen Adolf Hasse besucht.

Bachs ältester Sohn, Wilhelm Friedemann, erhielt am 23. Juni 1733 die Organistenstelle in der Sophienkirche, nachdem sich sein Vater schriftlich für ihn verwendet hatte. Am 27. Juli 1733 überreichte Bach am Hof die beiden ersten Sätze seiner, dem sächsischen Kurfürst Friedrich August II. gewidmeten, katholischen Messe in h-Moll und ersuchte um die Anerkennung als Hofkomponist. Erst nach drei Jahren wurde Bach schließlich am 19. November 1736, von Graf von Brühl unterzeichnet, *„das Praedicat zum Compositeur der Hof Capelle allergnädigst ertheilet"*.

Im Dezember des gleichen Jahres zog Bach erneut nach Dresden, wo er auf der neuen Silbermann-Orgel der **Frauenkirche** konzertierte, in Anwesenheit des russischen Gesandten am Hof, Baron von Keiserlingk. Die Goldberg-Variationen, eines der schönsten Klavierwerke Bachs, sind mit seinem Namen verbunden. Der Baron ließ sich von seinem Diener und Schüler Wilhelm Friedemann Bachs, Johann Gottlieb Goldberg, vorspielen, wenn er schlecht schlafen konnte. Johann Sebastian Bach überließ Keyserlingk seine Klavierübung Teil IV für solche Gelegenheiten. Der

Blick von der Elbe
auf das historische
Stadtzentrum von
Dresden mit der
Frauenkirche
(Rekonstruktion),
der Hofkirche, dem
Schloss und der
Semperoper.

Bach travelled at least seven times to Dresden. His first stay led him 1717 from Weimar to Dresden, where the french organist Louis Marchand caused a great uproar. Bach was well-liked by the public and was supposed to compete with Marchand. This never happened, because Marchand fled from Dresden. On the 19th and 20th of September in the year 1725 Bach played the Silbermann-organ in the Sophie Church. In the year 1736 Bach has been appointed composer of the court musicians of Dresden. In December of the same year Bach travelled to Dresden, where he played the Silbermann-Organ in the Church of Our Lady. Those buildings connected to Bach don't exist anymore, because they were bombed in February of 1945. The Church of Our Lady belonged to the most significant baroque-buildings in Germany. The former building was pulled down in 1717 and the magnificent rebuilding was erected in the years between 1726–46. The Silbermann-organ belonged to the splendid equipment. After the bomb-raid in 1945 the Church of Our Lady burned out almost completely and two days later the cupola collapsed. Since 1994 the Church is being reconstructed and is supposed to be finished in 2006. The baroque Opera-building, which was built in 1718/19, doesn't exist anymore either. On its place the Semper Opera was built under Gottfried Semper in 1837–41, which burnt down in 1869. The Semper Opera was rebuilt in in 1878. After the second destruction in 1945 the opera was rebuilt in the years between 1977-85.

Baron soll sich mit hundert Goldmünzen (Louis d'or) wahrhaft fürstlich dafür bedankt haben.

Noch zwei weitere Konzerte führte Bach in der Dresdener Frauenkirche auf, im Mai 1738 und im November 1741.

Die Bauten, die mit Bach verbunden sind, existieren heute nicht mehr, wie große Teile Dresdens, das im Februar 1945 durch einen sinnlosen Bombenangriff vernichtet wurde.

Die **Frauenkirche** gehörte zu den bedeutendsten Barockbauten Deutschlands und zu den größten Bauleistungen des protestantischen Kirchenbaus. Ihr Vorgängerbau wurde 1717 abgebrochen, unter Georg Bähr († 1738) entstand von 1726–46 der monumentale Neubau. Die Frauenkirche war ein Zentralbau über einem fast quadratischen Grundriss, an dessen Ecken schräggestellte Risalite den Unterbau der vier Ecktürme bildeten. Der Bau wurde von der ge-

wagt konstruierten steilen Kuppel mit einer äußeren Gesamthöhe von 95 m und einem Durchmesser von 23,5 m bekrönt, die das Stadtbild von Dresden beherrschte. Zu der prachtvollen Innenausstattung gehörte unter anderem die Silbermann-Orgel, die 1736 in der noch nicht vollendeten Kirche aufgestellt wurde.

Nach dem Bombenangriff von 1945 brannte die Frauenkirche völlig aus, nach zwei Tagen stürzte die Kuppel dann zusammen. Ihr gewaltiger Trümmerhaufen wurde nicht abgeräumt und blieb zu DDR-Zeiten als Mahnmal liegen. Seit 1994 wird die Frauenkirche unter Verwendung stehengebliebender Mauerreste und noch brauchbarer Steine rekonstruiert. Bis zum Stadtjubiläum 2006 soll dieser spektakuläre Wiederaufbau vollendet sein. In der umstrittenen Orgel-Frage unterlag das Projekt einer möglichst originalgetreuen Nachempfindung der zerstörten Silbermann-Orgel in barocker Intonation. Den Auftrag für die neue Orgel erhielt der französische Orgelbauer Daniel Kern. Die Orgelbaufirma Alfred Kern & Fils aus Straßburg soll bis 2005 eine moderne Orgel mit vier Manualen und 65 Registern liefern.

Die gotische **Sophienkirche**, in der Bach mehrfach gespielt hatte, stand am Postplatz gegenüber dem Zwinger. Die Ruine der 1945 weitgehend zerstörten Kirche wurde 1962/63 abgeräumt und mit einem tristen Gaststättenkomplex bebaut.

Das 1718/19 erbaute barocke Dresdener **Opernhaus** existiert ebenfalls nicht mehr. Als Nachfolger errichtete man unter Gottfried Semper 1837–41 das architektonisch wegweisende Opernhaus, das jedoch schon 1869

Frauenkirche, bedeutendster protestantischer Kirchenbau, zugleich größter Zentralbau nördlich der Alpen, 1726–46 von Georg Bähr unter Mitwirkung u. a. von Johann Christoph Knöffel erbaut, 1945 zerstört und 1994–2006 unter Verwendung des originalen Baumaterials wiedererrichtet. Das Foto zeigt den Zustand während des Wiederaufbaus Ende 2002.

abbrannte. Die Semperoper wurde bis 1878 nach Planung Sempers, mit seinem Sohn Manfred als örtlichem Bauleiter, erweitert wiederaufgebaut. Nach der zweiten Zerstörung von 1945 konnte der Bau erst von 1977–85 vollständig wiederhergestellt werden und erneut den Ruf als erstrangige Spielstätte unter Beweis stellen.

Das oft auch als „Elbflorenz" bezeichnete Kunstzentrum Dresden hat trotz der enormen Zerstörungen von 1945 und der nachfolgenden rücksichtslosen sozialistischen Stadtplanung einiges vom alten Glanz bewahrt oder durch Wiederaufbau und Rekonstruktion zurückerhalten, von dem hier nur ein Teil genannt werden kann. Ein Höhepunkt der Barockarchitektur ist der berühmte Dresdener **Zwinger**, der durch seine harmonische Gesamtanlage ebenso beeindruckt wie durch die Qualität der Details. Die Anlage entstand ab 1710–1728 unter dem Architekten Matthäus Daniel Pöppelmann, an der Elbseite wurden im 19. Jahrhundert unter Semper die Gemäldegale-

Info:
Tourist Information Dresden
Ostra-Allee 11
Tel.: 0351/491920
Fax: 0351/49192116

rie und die Oper angeschlossen. Die Gemäldegalerie alter Meister birgt Kunstschätze von höchster Qualität.

Der im Spätmittelalter begonnene Komplex des **Schlosses** ist vor allem von der Renaissance geprägt. Zum berühmten Panorama Dresdens gehört neben den **Brühlschen Terrassen** am Elbufer die 1738–54 errichtete katholische **Hofkirche**, die in der Rokokozeit in altertümlichen Formen des römischen Hochbarock errichtet wurde. Die Hofkirche entstand in Konkurrenz zur wenige Jahre zuvor begonnenen protestanischen Frauenkirche und setzte sich von ihr durch die Stilwahl gekonnt und städtebaulich wirkungsvoll ab.

oben: Semperoper, 1878 nach Plänen Sempers vollendet, 1945 zerstört und bis 1985 mit geringen Veränderungen wiederaufgebaut.

unten: Hofkirche und Residenzschloss.

Eisenach

Georgenkirche, Taufkirche Bachs, nachgotische protestantische Predigerkirche (um 1515–25, 1558–61) mit Emporeneinbauten von 1560, Nordwestturm und Vorhalle im Neobackstil 1898–1902.

Eisenach ist die Geburtsstadt von Johann Sebastian Bach. Hier kam er am 21. März 1685 auf die Welt. Sein Vater Johann Ambrosius Bach war in Eisenach als „Hausmann" (Stadtpfeifer) und Hoftrompeter bedienstet, seine Mutter war Elisabeth Bach, geb. Lämmerhirth. Bachs Eltern stammten aus Erfurt und waren 1671 nach Eisenach gezogen. Noch 1684 hatte sich Johann Ambrosius bemüht, in Erfurt eine Stelle zu bekommen, aber seine Eisenacher Dienstherren wollten ihn nicht gehen lassen.

Johann Sebastian Bach war das jüngste von acht Kindern, von denen noch drei im Elternhaus lebten. Am 23. März 1685 wurde er in der St. Georgskirche durch den Pfarrer Johann Christoph Zerbst getauft. Über seine frühere Kindheit ist wenig gesichert. 1693 ging er in die Quinta der Lateinschule. In der Georgenschule lernte er Religion und Latein, Arithmetik und Geschichte. In den höheren Klassen kamen Griechisch, Hebräisch, Philosophie, Logik und Rethorik dazu. Wie jeder Lateinschüler sang

In Eisenach Bach was born on the 21st of March in 1685. His father Johann Ambrosius Bach was a musician. Johann Sebastian was the youngest of eight children. There is not much known about Bach's early childhood. In school he waas taught religion and Latin, arithmetik and history. In later classes he also learned Greek, Hebrew, philosophy and logic. Like every Latinstudent Bach also sang in the school-choir. The Bach family was struck by various heavy blows, in 1691 Bach's elder brother Johann Balthasar died. On the 1st of May in 1694 his mother died and on behalf of his children Bach's father married Barbara Margareta Batholomäi on November 27th of the same year. On the 20th of February in 1695 Bach's father died too. Being an orphan, Bach's brother Johann Christoph took care of Bach in Ohrdruf from now on. If Johann Sebastian Bach ever returned to Eisenach is not known.

Bach im Schulchor, dem „Chorus Symphoniacus", der für die musikalische Ausgestaltung der Gottesdienste zuständig war. Ihr Geld pflegten sich die Chorknaben mit der sogenannten „Kurrende" zu verdienen, indem sie singend durch die Straßen der Stadt zogen. Ob Bach schon in dieser Zeit Instrumentalunterricht erhielt, ist nicht bekannt.

Die Familie Bach wurde von einer Reihe von Schicksalschlägen heimgesucht, schon 1691 war Bachs älterer Bruder Johann Balthasar verstorben. Am 1. Mai 1694 starb seine Mutter Maria Elisabeth. Im Interesse seiner noch unmündigen Kinder heiratete sein Vater am 27. November des gleichen Jahres Barbara Margareta Bartholomäi (geb. Keul). Der Ehe sollte kein Glück beschieden sein, denn am

20. Februar 1695 starb auch der Vater. Bach war nun Vollwaise. Seine Stiefmutter beantragte erfolglos, mit Unterstützung der Stadtpfeifergesellen und -lehrlinge die Aufgaben ihres verstorbenen Mannes weiterführen zu dürfen. Da dies nicht gelang, wurde Johann Sebastian schließlich notgedrungen in die Obhut seines älteren Bruders Johann Christoph in Ohrdruf gegeben.

Ob Johann Sebastian Bach noch einmal in seine Geburtsstadt zurückkam, ist nicht bekannt. Etliche Mitglieder der weitverzweigten Familie Bach waren in Eisenach als Kantoren, Geiger, Pfeifer und Musiker anderer Richtungen tätig, die Bachs hielten das Organistenamt ununterbrochen von 1665 bis 1797 in der Hand.

Die **Georgenkirche** ist eine dreischiffige Hallenkirche, 1196 erstmals urkundlich erwähnt. Der heutige Bau stammt größtenteils aus der Zeit nach 1515, der schon 1525 in den Bauernkriegen schwere Schäden erlitt. Nur der Taufstein von 1503 und die Kreuzigungsgruppe (um 1500) überstan-

Bachdenkmal des Berliner Bildhauers Paul Birr von 1939 in der Georgenkirche.

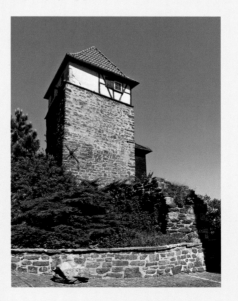

Glocken-/Stadtpfeiferturm, Turm der mittelalterlichen Stadtbefestigung (Ende 12. Jh.), bis 1671 vom Eisenacher „Hausmann" (Stadtpfeifer) bewohnt, der das Amt des Feuerwächters ausübte. Ob Johannes Ambrosius Bach (Vater von J. S. Bach) als „Hausmann" vom Turm blies, ist nicht bekannt. Er bezog jedenfalls als einer der ersten Stadtpfeifer nicht mehr den Turm als Wohnung.

Infolge der Reformation (1525) wurde in das ab ca. 1235 errichtete Dominikanerkloster die Lateinschule eingerichtet, die Luther und auch J. S. Bach besuchten. Heute dient es als Martin-Luther-Gymnasium und Thüringer Museum mit einer Sammlung Thüringer Holzplastiken des 12.–16. Jahrhunderts.

den den Bildersturm. Bei der Wiederherstellung 1558–1561 als protestantische Predigtkirche wurden die Seitenschiffe zu Emporen umgestaltet. Die Anbauten des Chores stammen aus dem 16. bis 18. Jahrhundert. Beim tiefgreifenden Umbau von 1898–1902 erhielt die Kirche nach Plänen von Otto March den neobarocken Turm und die Vorhalle, es folgten weitere Restaurierungen im 20. Jahrhundert. Die Grabsteine der thüringischen Landgrafen, die „Landgrafensteine" im Chor gelangten erst 1952 in die Kirche. In der Taufkirche von J. S. Bach war sein Onkel Johann Christoph Bach bis zu seinem Tod 1703 als Organist angestellt, der barocke Orgelprospekt stammt erst von 1719. Das barocke Orgelwerk musste 1911 einem Neubau weichen, das seinerseits 1982 durch eine Schuke-Orgel ersetzt wurde. Das Standbild Bachs in der Vorhalle schuf 1939 Paul Birr.

In den Gebäuden des ab den 1230er Jahren erbauten **ehemaligen Domini-**

The Georgen-Church was first mentioned in 1196. The building descends in its main parts from the time after 1515. The church suffered great damages in various wars and was re-erected in 1558–1561. In the years between 1898–1902 a baroque tower was added. In the 20th century further restorations followed. The Bach-statue in the vestibule was crafted by Paul Birr in 1939. One of the most famous memorial places is the Bach House, in which reminders of Bach and historical musical instruments are shown. A must for all Eisenach visitors is the Wartburg, which is known as Germany's most famous castle. It is considered as the most important memorial in Germany and is a extraordinary example of the romanic epoch. The castle is so famous because of the persons and happenings that are connected to it. Here lived Holy Elisabeth of Thuringia in the years between 1211–28. The reformer Martin Luther translated the Bible into German during his captivity. Having been established in 1067 under duke Ludwig the Springer the castle was built into a stone-castle in 1160 under Ludwig II. In the years between 1849–90 the castle was rebuilt under Hugo of Rittgen.

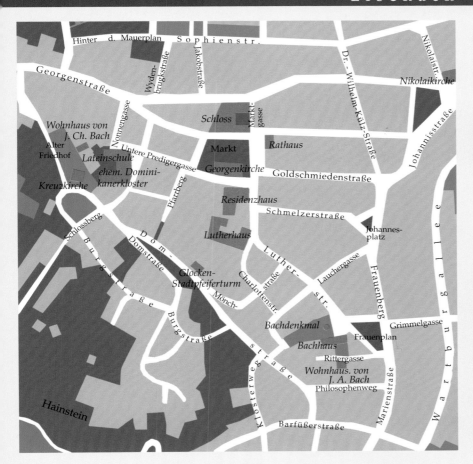

*oben: Lutherstraße.
Den Vorgängerbau
Nr. 35 hatte J. S. Bachs
Vater erworben.*

kanerklosters am Predigerplatz 4 wurde 1554 eine Lateinschule, die Georgenschule eingerichtet. Bachs Schule, die
einst auch Martin Luther besucht hatte,
diente mit kleinen Unterbrechungen
bis heute zu Unterrichtszwecken, seit
1991 als Martin-Luther-Gymnasium.
Eine Gedenktafel erinnert an Bach.
Im Gebäude der „Alten Münze" neben
der Predigerkirche am Platz **„An der
Münze"**, unweit der Lateinschule,
wohnte Bachs Onkel, der Organist der
Georgskirche, Johann Christoph Bach.
Sicherlich wird ihn der junge Johann
Sebastian dort auch besucht haben.
Eine der bekanntesten Bach-Gedenk-
stätten ist das **Bachhaus** am **Frauenplan 21**, in dem Erinnerungsstücke und

*unten und rechts oben: Alte Münze, Wohnung des Johann Christoph
Bach, der Organisten der Georgenkirche. Das spätmittelalterliche
Gebäude mit dem steilen Giebel war ursprünglich das Hospiz des
Dominikanerklosters (spätere Lateinschule), im 17. und 18. Jahrhun-
dert die Münze (Geldprägewerkstätte) der Eisenacher Herzöge.*

BACHHAUS

oben: Bachhaus (Frauenplan 21), im Kern 15. Jahrhundert, Ansicht (oben) und Garten (links). Das Bachhaus erhält bis 2004/05 einen modernen Museumsanbau.

rechts: Zeichnung mit der Situation im 19. Jahrhundert (Museumsbestand). Nach mündlicher Überlieferung ist das Haus das Geburtshaus Johann Sebastian Bachs.

unten rechts: Auf Anregung des bekannten Bachbiographen Carl Hermann Bitter wurde am 21. März 1868 die abgebildete Tafel am Bachhaus (heute Museumsbestand) feierlich enthüllt.

historische Musikinstrumente aus seiner Zeit gezeigt werden und das Veranstaltungen dient. Das Bachhaus war am 27. Mai 1907 als Museum eröffnet worden, nachdem 1902 mit dem Abriss der Leipziger Thomasschule die wichtigste Bachgedenkstätte verschwunden war. Um einer ähnlichen Situation in Eisenach zuvorzukommen, erwarb die Bachgesellschaft am 6. Januar 1906 das Bachhaus und ist seitdem Eigentümer des stattlichen Gebäudes.

Das Bachhaus lag in unmittelbarer Nähe zur 1525 während des Bauernkriegs zerstörten Marien- bzw. Stiftskirche, der ehemals wichtigsten Kirche Eisenachs, die mit wachsender Bedeutung auch den Beinamen „Dom" erhielt. Aus dieser städtebaulichen Situation erklärt sich die stattliche Form des Bachhauses, das als Sichtfachwerk wahrscheinlich noch im 15. Jahrhundert errichtet

worden sein dürfte, wie die angeblatteten Kopfbänder (besonders gut im Eingangsbereich zu sehen) und die weite Ständerstellung belegen.

Ob Bach in dem Gebäude geboren wurde, ist heute umstritten. Archivalisch läßt sich J. S. Bachs Vater Johann Ambrosius Bach 1675–1695 nämlich als Besitzer des Grundstücks Lutherstraße 35 belegen. Eigentümer des heutigen Bachhauses war 1654–1688 dagegen der Gymnasial-Rektor Heinrich Börstelmann. Angehörige der Familie Johann

Der Bildhauer Adolph von Donndorf (1835–1916) fertigte 1880/81 die Entwürfe für das Bachdenkmal, das bereits 1850 angedacht worden war. Das Bronze-Standbild wurde 1883 in der Braunschweiger Gießerei Howalt gegossen und 1884 vor dem Portal von Bachs Taufkirche St. Georg in Eisenach (im Hinblick auf das 200-jährige Bachjubiläum) aufgestellt. Seit 1938 steht das Bachdenkmal neben dem Bachhaus.

41

Bernhard Bachs besaßen das Haus erst im 18. Jahrhundert. Das Bachhaus liegt jedoch unmittelbar zwischen der älteren Wohnung Johann Ambrosius Bachs in der Rittergasse (1671-1674) und dessen jüngeren Anwesen in der Fleischergasse (heute Lutherstraße) (1675–1695).

Als Geburtshaus Bachs ist daher auch das ehemalige, inzwischen erneuerte **Haus Lutherstraße 35** vorstellbar, das damals J. S. Bachs Vater gehörte. Zuvor wohnte dieser 1671–74 in dem spätmittelalterlichen Fachwerkhaus in der **Rittergasse 11**.

Die **Bronzestatue Bachs** auf dem Frauenplan schuf 1884 Adolph von Donndorf. Sie stand zuerst vor der Georgenkirche und bekam erst 1938 die Aufstellung beim Bachhaus.

Ein Muss für jeden Eisenach-Besucher ist die großartige Anlage der **Wartburg**, die als bekannteste deutsche Burg und Nationaldenkmal betrachtet wird und ein herausragendes Beispiel romanischer Baukunst ist. Ihre Berühmtheit verdankt die Burg, neben der höchst reizvollen Lage, vor allem Personen und Ereignissen, die mit ihr verbunden sind. Hier lebte die Heilige Elisabeth von Thüringen von 1211–28. Der Refor-

Bachhaus, Bachpokal, um 1735, aus sächsischer Glashütte mit dem Monogramm „JSB", einer Inschrift und vegetabilem Rankenwerk.

oben: Bachhaus, barocke Orgel.

unten rechts: Bachhaus, Streichinstrumente des 18. Jahrhunderts.

unten links: Bachhaus, Instrumentensaal mit dem Spinett von Johann Heinrich Silbermann (Straßburg, um 1765) und darüber dem Bildnis Bachs als Köthener Kapellmeister von Johann Jakob Ihle, um 1720.

Hier wohnte
von 1671–1674
Johann Ambrosius
BACH
Ratsmusikant
geb.1645 gest.1695

oben links und links: Haus Rittergasse 11, stattlicher Fachwerkbau (wohl ausgehendes 15. Jahrhundert) mit Walmdach, 1671–74 Wohnhaus des Johann Ambrosius Bach (J. S. Bachs Vater) unmittelbar nach seinem Zuzug aus Erfurt. Für die Miete kam der Rat der Stadt auf.

oben rechts: Lutherhaus (Lutherplatz 8), das lange Zeit im Besitz der mit Luther befreundeten Familie Cotta war. Der aus zwei Häusern (im Kern 15./16. Jh.) zusammengesetzte Fachwerkbau kragt über Knaggen (Mitte 16. Jh.) aus.

Nikolaiturm (12./13. Jahrhundert, 1890) und ev. Stadtpfarrkirche St. Nikolai, dreischiffige romanische Basilika mit Turm und Vorhalle (um 1160, 1886/87 Restauration unter Hubert Stier).

Info:
Eisenach-Information
Markt 2
99817 Eisenach
Tel. 03691/670263
geöffnet:
Mo 10–18 Uhr
Di–Fr 9–18 Uhr
Sa u. So 10–14 Uhr

Bachhaus Eisenach
Frauenplan 21
99817 Eisenach
Tel. 03691/79340
Fax: 03691/793424
www.bachhaus.de
geöffnet:
täglich 10-18 Uhr

Wartburg, Symbol für bedeutende Ereignisse deutscher Geschichte.

mator Martin Luther übersetzte 1521/22 während seiner Gefangenschaft auf der Wartburg die Bibel ins Deutsche. 1817 feierten hier die deutschen Burschenschaften das erste Wartburgfest und propagierten ein geeintes Deutschland.

1067 von Graf Ludwig dem Springer gegründet, begann um 1150 unter Ludwig II. der Ausbau zur steinernen Burg, ab ca. 1160 bis um 1200 entstand der spätromanische Palas. 1849 bis 1890 erfolgte der historistische Wiederaufbau unter Hugo von Ritgen.

Erfurt

Erfurt ist eng mit der Familie Bach verbunden, die Eltern Johann Sebastian Bachs stammten aus Erfurt. Noch 1684 hatte sich sein Vater Johann Ambrosius Bach in Eisenach darum bemüht, aus dem Eisenacher Dienst entlassen zu werden und nach Erfurt zurückkehren zu können. Dieser Versuch scheiterte, sonst wäre Johann Sebastian Bach wohl in Erfurt geboren worden. Die Erfurter Tradition der Bach-Familie beginnt mit Johann Bach (1604–1673), dem älteren Bruder von Johann Sebastian Bachs Großvater. Durch die vielfältigen Aktivitäten der Bachs wurde ihr Name zum Inbegriff der Stadtmusiker, die auch als „Bachen" bezeichnet wurden.

Erfurt besaß im 17. Jahrhundert ein reges Musikleben, das sich nicht nur in den Stadt- und Ratsmusiken organisierte, sondern auch 1671/71 eine akademische Musikpflege in den Statuten der Universität Eingang findet. Von 1678–90 wirkte der Orgelmeister Johann Pachelbel an der Predigerkirche in Erfurt, zu seinen Schülern gehörte Johann Christoph Bach, Johann Sebastians ältester Bruder, bei dem er in Ohrdruf seine erste Ausbildung erhielt.

Johann Sebastian Bach selbst hielt sich nur zweimal nachweisbar in Erfurt auf, das erste Mal Ende Juli 1716, um die Orgel der Augustinerkirche zu prüfen. Der Zeitpunkt seines zweiten Besuches ist nicht sicher. Der Verfasser zweier musikwissenschaftlicher Abhandlungen, Jakob Adelung, berichtet, dass *„Herr Bach zu einer gewissen*

Info:
Tourismus GmbH Erfurt
Benediktsplatz 1
99084 Erfurt
Tel.: 0361/66400
Fax: 0361/6640240

Blick vom Petersberg auf die Stadt mit dem Domplatz im Vordergrund, Dom und Severikirche rechts.

*oben und unten:
Junkersand 1/3:
Wohnhäuser von
Johann Bach (Nr. 3)
bzw. seinem ältesten
Sohn Johann Christian (1645–93, Nr. 1)*

*Fischmarkt 13,
Renaissance-
fassade von 1584.*

Zeit bey uns in Erfurt war". Da Adelung erst seit 1728 Organist der Erfurter Predigerkirche war, ist der Zeitpunkt um oder nach 1728 anzusetzen.

Der Lebensweg von Bach führte ihn immer wieder an Stätten, die mit Luther verbunden sind, wie das Erfurter Augustinerkloster, in dem 1505–11 Martin Luther lebte. Die **Augustinerkirche St. Philippus und Jakobus** ist eine dreischiffige Stufenhalle mit eingezogenem, platt geschlossenem Chor, die hölzernen Tonnengewölbe wurden in den 1930er Jahren rekonstruiert. Der Bau der Klosteranlage begann 1277, der Chor der Kirche war um 1300 vollendet, das Langhaus wohl bis um 1324, der kleine Glockenturm folgte 1432–44. Bei einer Instandsetzung und Neuausstattung von 1849–1854 wurde die von Bach geprüfte barocke Orgel entfernt, 1850 diente die Kirche als deutsches „Unionsparlament".

In der **Kaufmannskirche St. Gregor** hatten am 8. April 1668 die Eltern Bachs geheiratet, Johann Ambrosius Bach und Elisabeth Lämmerhirt, die Tochter eines Kürschnermeisters aus Erfurt. Diese dreischiffige Basilika mit zwei Chorflankentürmen wurde 1291 begonnen, 1368 geweiht, der Chor nach einem Einsturz 1591/92 wiederhergestellt. Es folgten zwei Restaurierungen und die Neuausstattung im 19. Jahrhundert, Kriegsschäden von 1944 wurden bis 1952 beseitigt.

Unter den zahlreichen Sehenswürdigkeiten Erfurts ist an erster Stelle das einzigartige Ensemble von **Dom** und **Severikirche** zu nennen, die auf dem Domhügel das weithin sichtbare Wahrzeichen von Erfurt bilden. Der Dom St. Marien geht auf eine ab 1154 errichtete romanische Basilika zurück, von der sich Teile der Querhäuser und die unteren Turmgeschosse

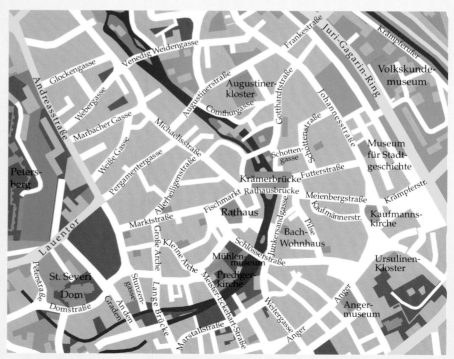

erhalten haben. Im 14. Jahrhundert wurde der Dom weitgehend neu erbaut. Für die Erweiterung des Chores entstand am Abhang des Domhügels zunächst gewaltige, bis zu 15 m hohe Fundamente, die sogenannten Kavaten, in denen sich auch eine 1353 geweihte Unterkirche befindet. Der hochgotische Chor mit seiner bemerkenswert gut erhaltenen Ausstattung, vor allem den sehr eindrucksvollen Glasmalereien, wurde von 1349–72 erbaut. Um 1330 erhielt der Dom das reich mit Skulpturen geschmückte Triangelportal über dreieckigem Grundriss, das am Ende der langen Freitreppe zum Dom die Besucher empfängt. Zu den wichtigsten Ausstattungsstücken des Domes zählen die romanische „Erfurter Ma-

Johann Sebastian Bach stayed only twice in Erfurt but it is the home-town of his parents. Once at the end of July in 1716 to check the organ in the Augustiner-Church. The date of his second stay is not quite clear, but it is assumed around 1728. Bach's ways always led him to places closely connected to Martin Luther, like the Augustian-monastery in which Luther lived in the years between 1505–11. During the restoration from 1849–1854 the organ examined by Bach was removed.
One of the sights in Erfurt is the cathedral. Parts of a in 1154 built romanic church are still present. In the 14th century the cathedral was rebuilt. The gothic choir with astonishingly good upkept glass-paintings was built in the years between 1349–72. The most important pieces of the equipment are the romanic „Madonna of Erfurt" (1160) and the gothic choir-stalls.

*Kaufmannskirche St. Gregor, 13./14. Jahrhundert.
Die Eltern Johann Sebastian Bachs – der Stadtmusiker Johann Ambrosius Bach, Sohn von Christoph Bach aus Wechmar, und Elisabeth Lämmerhirt – heirateten hier am 8. April 1668.*

Augustinerkirche, Ende 12. Jahrhundert bis um 1334. Am 31. Juli 1716 prüfte hier J. S. Bach die vom Arnstädter Orgelmacher Johann Georg Schröter fertiggestellte Orgel, die 1850 abgerissen wurde.

Die Barfüßerkirche ist nach Zerstörungen im 2. Weltkrieg nur als Ruine erhalten. Tobias Friedrich Bach (1723–1805) hatte die Kantoren- und Schulmeisterstelle an der Barfüßerkirche inne.

Krämerbrücke, Brückenbögen von 1325, heutige Bebauung zumeist 18. Jahrhundert. Johann Bach lebte hier 1635 im Haus „Zum Schwarzen Ross" neben der Ägidienkirche.

Dom (14./15. Jh.) und St. Severi (13./14. Jh.).

unten: St. Peter (1103–1143/47), Festung Petersberg (17./18. Jh.).

donna" (1160), der romanische Wolfram-Leuchter, das gotische Chorgestühl (um 1350) und der Einhorn-Altar (um 1420). Als letztes erhielt der Dom sein spätgotisches Langhaus, das etwa ab 1452 begonnen und bis 1465 vollendet wurde.

Auch die **Severikirche** geht auf einen romanischen Vorgängerbau zurück, dessen Neubau 1278 begann und sich wohl über das Weihedatum von 1308 weit bis in des 14. Jahrhundert hinein zog. Nach dem Brand von Erfurt 1472 erhielt die Severikirche einen neuen Dachstuhl und die drei markanten spitzen Turmhelme.

Weiterhin sehenswert ist der in der barocken Zitadelle auf dem **Petersberg** gelegene Rest der **Peterskirche**, einer romanischen Basilika und ehemaligen Benediktinerklosterkirche, die im 19. Jahrhundert zu einem Magazingebäude umgebaut wurde.

Die mittelalterliche **Krämerbrücke** mit der Agidienkirche ist eines der sehr wenigen erhaltenen Beispiele einer mit Häusern überbauten Brücke.

Gera

Seine Tätigkeit als Orgelprüfer führte Bach am 25. Juni 1723 nach Gera, wo er gleich zwei neugebaute Orgelwerke, die der Johannis- und Salvatorkirche, zu begutachten hatte. Beide Orgeln wurden von dem Saalfelder Meister Johann Georg Fincke d. Ä. (1680–1749) erbaut.

Die auf dem Nikolaiberg gelegene evangelische **Salvatorkirche** entstand 1717–20, nach Plänen des sächsischen Baumeisters David Schatz, als einschiffiger Saalbau über rechteckigem Grundriss mit seitlichen Logenanbauten. Der Westturm wurde zunächst nur bis in Dachhöhe aufgemauert. Die oberen Geschosse folgten erst 1775–79, wohl nach einem Entwurf von David Schatz. Nach dem großen Stadtbrand von 1780 wurde die Kirche bis 1783 wiederhergestellt. 1898 wurde für die Anlage der großen Freitreppe eine ganze Häuserzeile abgebrochen. Der Innenraum erhielt 1903 unter Adolf Marsch eine völlige Neufassung in Jugend-

Salvatorkirche, 1717–20 nach Plänen von David Schatz erbaut und später mehrfach verändert.

His activity as an organ-examinor led Bach on the 25th of June in 1723 to Gera, where he had to examine two newly built organs. Both organs were built by Johann Georg Fincke the older. The Salvator-Church, which stands on the Nikolai Hill was built in the years between 1717–1720. After the big fire in 1780 the church was rebuilt in 1783. The epuipment was remodelled in Art Noveau in 1903 under Adolf Marsch. A re-painting in 1968/69 respected the Art Noveau design. A commerorative stone reminds of the organ-examination through Bach. The medieval Johannis Church suffered great damages in the big fire of 1780, equipment and organ were totally destroyed. In 1881–85 a gothic church was erected in its place under Julius Hartel, which was also called Johannis Church. The old renaissance town hall with its 57 m high tower was built between 1573–76 by Nikolaus Theiner. After the fire it was rebuilt in an altered way.

Info:
Gera Tourismus e. V.
Heinrichstraße 35
07545 Gera
Tel.: 0365/8304480
Fax: 0365/036519433
www.gera-tourismus.de

unten links:
Stadtapotheke
(Markt 10), 1592,
Erker von 1606
mit Allegorien
der Jahreszeiten,
Aposteldarstel-
lungen und Wap-
pen

unten rechts und
Mitte: Rathaus,
Eingangsportal
und Turm,
1573–76.

stilformen. Eine Neuausmalung von 1968/69 orientierte sich an der Jugendstilgestaltung. Auch die 1717–20 entstandene Fincke-Orgel wurde bei dem großen Brand von 1780 vernichtet. Eine Tafel erinnert an die Orgelprüfung in der Salvator- und Johanniskirche durch Bach.

Der mittelalterliche Bau der **St. Johanniskirche**, der ältesten städtischen Pfarrkirche, fiel wie die Salvatorkirche dem Brand von 1780 zum Opfer. Die Ruine der Kirche wurde im früheren 19. Jahrhundert abgetragen. Erst 1881–85 wurde unter Julius Hartel aus Leipzig an anderer Stelle ein neogotischer Neubau errichtet, der das Patrozinium übernahm.

Das alte Renaissance-Rathaus mit seinem mächtigen 57 m hohen Turm entstand 1573–76 unter dem Baumeister Nikolaus Theiner, möglicherweise nach Plänen von Nikolaus Gromann. Nach dem Brand von 1780 wurde es mit Änderungen wieder-

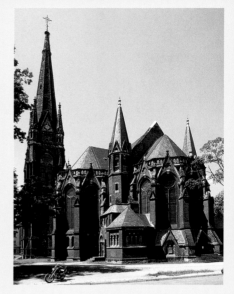

oben: Ev. Johanniskirche (Clara-Zetkin-Straße), neugotische Backsteinkirche von 1881–85 nach Plänen des Leipziger Architekten Julius Hartel. Das Patrozinium der Kirche stammt von der 1780 ausgebrannten und im 1. Viertel des 19. Jahrhunderts abgebrochenen ältesten Pfarrkirche Geras, für die Bach 1723 eine Orgelprüfung durchgeführt hatte.

aufgebaut und erhielt ein Mansard-
dach. Laut einer Inschrift soll Bach
den Ratskeller dieses Hauses besucht
haben, was jedoch nicht weiter belegt
ist. Wie von anderen Orgelprüfungen
und -einweihungen Bachs bekannt
ist, gehörte nicht nur ein Festgottesdienst dazu, sondern auch ein ent-
sprechendes Festmahl.

*oben und unten: Stadtteil Gera-Untermhaus, ev. Pfarrkirche
St. Maria, wohl kurz nach 1450 als spätgotische Saalkirche erbaut
und neugotisch verändert, neben der Kirche (Abb. unten) das
„Otto-Dix-Haus" (Mohrenplatz 4, verputzter Fachwerkbau aus
dem frühen 18. Jahrhundert), Geburtshaus des bedeutenden
Malers Otto Dix (1891–1969), heute Museum.*

Stadttheater, 1900–02 von Heinrich Seeling.

Halle

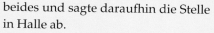

oben und rechts:
Marktkirche
St. Marien, große
spätgotische
Hallenkirche mit
Doppelturmfassade
im Osten und
Westen

unten: Marktplatz
mit Rotem Turm
(Mitte), Händel-
Denkmal (rechts)
und Marktkirche
(links)

Seine Wege führte Bach aus unterschiedlichen Gründen immer wieder nach Halle. Seine erste Reise nach Halle absolvierte Bach Ende 1713, wo er erfuhr, dass die Organistenstelle der Marktkirche St. Marien (auch Liebfrauenkirche genannt) vakant war. Ihr bereits 1712 verstorbener Inhaber war Friedrich Wilhelm Zachow, dessen berühmtester Schüler Georg Friedrich Händel war. Da die Orgel jedoch umgebaut wurde, besetzte man die Stelle nicht sofort. Bach erhielt den Vorschlag, sich zu bewerben. Als Probestück musste er eine Kantate komponieren und aufführen. In den anschließenden Verhandlungen mit dem Komitee zeigte sich Bach mit dem Gehalt in Halle unzufrieden. Bei seinem bisherigen Dienstherren in Weimar nutzte Bach seine Bewerbung wohl als Druckmittel, ein besseres Gehalt und eine Beförderung zum Konzertmeister herauszuholen – jedenfalls erhielt er dort

beides und sagte daraufhin die Stelle in Halle ab.

Man scheint Bach die Absage nicht allzu übel genommen zu haben, denn vom 29. April bis zum 1. Mai 1716 war Bach zur Prüfung der nun fertiggestellten Orgel in der Marktkirche St. Marien, die er gemeinsam mit dem Leipziger Thomaskantor Johann Kuhnau und Christian Friedrich Rolle aus Quedlinburg abnahm. Die Orgelprobe wurde mit einem Festgottesdienst und zu guter Letzt mit einem opulenten Festbankett abgerundet.

Bachs ältester Sohn Wilhelm Friedemann (1710–1784) war von 1746–64 als Organist und „Director Musices" an der Marienkirche in Halle tätig und führte dort die Bachsche Musiktradition weiter.

For different reasons Bach repeatedly came to Halle. His first trip to Halle in 1713 had the reason, that the position as an organist was vacant. But Bach was not content with the salary and so he did not keep the position. In spite of Bach's various stays, Halle is still Georg Friedrich Händel's city who was born here on the 23rd of February in 1685. The cathedral of Halle is the former Dominican Monastery Church. Under Bastian Binder the church received a elaborate renaissance-equipment. Also worth seeing is the Church St. Moritz (12th–15th century), the Moritz-Castle with the State Gallery and Castle Giebichenstein.

oben: *Denkmal für Georg Friedrich Händel (1685–1759), Bronze-statue von Hermann Heidel 1856–59 auf dem Marktplatz.* unten: *„Händelhaus".*

Trotz mehrerer Aufenthalte Bachs ist Halle vor allen die Stadt von Georg Friedrich Händel, der hier – fast genau einen Monat vor Bach – am 23. Februar 1685 geboren wurde. Hier war er Schüler des lutherischen Gymnasiums, besuchte kurzfristig die Universität und wurde 1702 probeweise Domorganist, um schließlich 1703 Halle zu verlassen.

Die Entwicklung Händels, neben Bach die bedeutendste Persönlichkeit der Musikgeschichte in der ersten Hälfte des 18. Jahrhunderts, unterscheidet sich erheblich von derjenigen Bachs. So hatte Händel sich schon früh der Oper zugewandt. Nach seiner Zeit in Halle führte ihn der Weg in das Hamburger Opernorchester. 1706 ging er nach Italien, um sich schließlich 1712 endgültig in London niederzulassen, wo er später Hofkomponist wurde. Durch den gesellschaftlichen Wandel stießen seine Opernkompositionen in den 1720er Jahren zunehmend auf Widerstand. Er musste von seinem Ziel, große Opern zu schreiben, abrücken. Ab den 1730er Jahren wandte sich Händel dem Oratorium zu. Der weltläufige Händel schrieb vor allem weltliche Musik und brillierte mit Opern, Oratorien und Konzerten im Stil Corellis. Bachs Schwerpunkt lag dagegen auf der geistlichen Musik, er schrieb geistliche Kantaten, Passionsoratorien, Messen und Konzerte im Stil Vivaldis. Bach und Händel haben sich trotz einiger Überschneidungen ihrer Lebenswege nie persönlich getroffen – was Bach übrigens bedauerte. Entweder verpassten sie sich bei Händels Besuchen in Halle wie 1719 oder 1740, oder Händel konnte den erkrankten Bach in Leipzig nicht besuchen, wie 1729 und 1750.

Die **Marktkirche St. Marien** ersetzt zwei ältere Kirchen an der selben Stelle, von denen sich die unterschiedlichen Turmpaare noch erhalten haben. Das westliche Turmpaar gehörte zur St. Gertrudenkirche, die weitgehend aus dem 14. Jahrhundert stammte. Die unmittelbar östlich gelegene Marienkirche aus dem 13. Jahrhundert hatte ebenfalls eine westliche Doppelturmanlage. Ihr außergewöhnlicherweise freistehender Glockenturm war der heutige „Rote Turm" (1418–1506) auf dem Marktplatz. Um 1528/29 fasste Kardinal Albrecht von Brandenburg den radikalen Plan, beide Kirchenschiffe abzureißen und zwischen den stehengebliebenen Doppelturmanlagen eine einzige, neue Marienkirche einzubauen. Die ersten

Roter Turm auf dem Marktplatz, 1418 als freistehender Glockenturm der Marienkirche errichtet.

Info:
Halle-Touristik e.V.
Große Ulrichstraße 60
06108 Halle / Saale
Tel.: 0345 / 472330
Fax: 0345 / 4723333
info@halle-tourist.de
www.halle-tourist.de

links: Ehem. Augustiner-Chorherrenstiftskirche St. Moritz (Ende 14. bis frühes 16. Jahrhundert)
unten links und rechts: Moritzburg.

links: Dom (um 1270 bis 1. Drittel 14. Jahrhundert) als Dominikaner-Klosterkirche – nach dem Prinzip der Bettelorden – ohne Querhaus und Turm errichtet, nach Erhebung des Klosters zum „Neuen Stift" 1519/20 aufwendig um- und ausgestaltet, um 1600 kurzfristig zur ev. Dom- und Schlosskirche erhoben, 1641 Stift aufgelöst.

rechts: Barockbau am Alten Markt, in dem das Beatles-Museum untergebracht ist.

unten: Christian-Wolff-Haus, Große Märkerstraße, 1558 im Stil der Renaissance erbaut, heute Museum.

vier östlichen Joche waren bereits 1538/39 fertig, von 1542–1554 war das eindrucksvolle spätgotische Schiff mitsamt Emporeneinbauten vollendet. Es gab eine Orgel von 1663/64 auf der Nordempore, auf der Südempore eine weitere von 1697/98. 1713–16 folgte die große westliche Orgel mit Vergrößerung der Westempore. Nach Reparatur der schweren Kriegsschäden 1946/47 folgte 1967–75 eine umfangreiche Restaurierung, die weitgehend den Zustand des 16. Jahrhunderts wiederherstellte.

Der **Dom** von Halle ist die ehemalige Dominikaner-Klosterkirche, eine dreischiffige Hallenkirche, die um 1270 begonnen und um 1330/40 vollendet wurde. Das Kloster wurde 1519/20 durch Kardinal Albrecht von Brandenburg zum „Neuen Stift" erhoben, das zusammen mit seiner Residenz zum Zentrum einer katholischen Universität gegen das Luthertum werden sollte. Unter Bastian Binder erhielt der Dom 1520–1525/26 seine prachtvolle Renaissanceausstattung sowie im Außenbau die einzigartige umlaufende Giebelreihe, durch die der Dom zu den ersten und schönsten Beispielen der Renaissancekunst Mitteldeutschlands zählt. Weiter sehenswert sind die Pfarrkirche St. Moritz (12.–15. Jahrhundert), die Moritzburg mit der Staatlichen Galerie, die Franckesche Stiftung und Burg Giebichenstein.

Hamburg

Bach hielt sich mehrfach in Hamburg auf. Schon während seiner Lüneburger Zeit (1700–1702) reiste er nach Hamburg, wo er seinen Cousin Johann Ernst Bach besuchte. Vor allem wird Bach Kontakt mit dem Komponisten und Mitbegründer der Hamburger Oper sowie Organisten der Katherinenkirche Johann Adam Reincken (1623–1722) aufgenommen haben. Reincken zählte seinerzeit zu den wichtigsten und bekanntesten norddeutschen Organisten und dürfte auf Bach einigen Einfluss ausgeübt haben.

Bekannt ist vor allem der Hamburger Aufenthalt Bachs 1720, wo er sich, von Köthen kommend, um die Stelle als Organist an der Jakobikirche beworben hatte. Die Kirche besaß eine viermanualige Arp-Schnitger-Orgel mit 60 Registern, die von 1688–1693

Info:
Tourismus-Zentrale Hamburg
Steinstraße 7
20095 Hamburg
Tel. 040/30051-300
Fax: 040/30051-333

Katharinenkirche, spätgotische Kirche mit stadtbildprägendem Turm im Stil des holländischen Frühbarock (1648 Achtkantgeschoss, 1656/57 Turmhelm von Peter Marquardt aus Plauen), 1943 fast völlig zerstört, 1950–57 wiederhergestellt. Hier war der berühmte Organist Johann Adam Reincken (1623–1722) tätig.

Jakobikirche, vier-schiffige gotische Backstein-Hallen-kirche, 1943 stark zerstört und nach dem Wiederauf-bau 1961 mit ei-nem neuen Turm-helm wiederaufge-baut.

1720 hatte sich Bach hier um die Stelle als Orga-nist beworben.

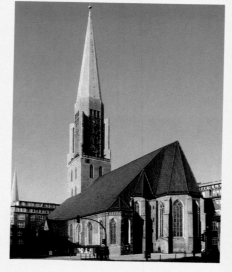

entstanden war. Auf diesem Instru-ment improvisierte Bach vor dem Magistrat, anderen Würdenträgern und in Anwesenheit des verehrten,

Bach stayed repeatedly in Ham-burg. even during his time in Lüneburg (1700–1702) he travel-led to Hamburg to visit his cou-sin Johann Ernst Bach. Remem-bered is above all Bach's stay in Hamburg from 1720, were he applied for the position as an organist in Jakobi Church. The church had a gigantic organ and Bach improvised for two hours while highly respected persons listened to his play. Bach had to return to Köthen and so he couldn't keep the appointment for the test-play on the 23rd of November. He could have had the position nonetheless, but he didn't take it. The late-gothic Katharinen Church was nearly completely destroyed in World War II. The equipment too suf-fered great damages. The rebu-ilding was completed in 1956 /57. The St. Jacobi Church was first mentioned in 1255. It suf-fered great damages in World War II and the rebuilding took from 1951 until 1963. Some of the most precious pieces of the equipment could be saved. Pie-ces of the organ were saved, so that the whole organ could be reconstructed. The organ is now considered being the most hi-storical meaningful organ in Germany. Among others the carved Trinitas Altar belongs to the old equipment.

mittlerweile 97-jährigen Reincken zwei Stunden lang. Für seine halb-stündige Improvisation „An Wasser-flüssen Babylons" soll Reincken J. S. Bach das Kompliment gemacht ha-ben: *„Ich dachte, diese Kunst wäre ge-storben, ich sehe aber, dass sie in Ihnen noch lebet."* Da Bach nach Köthen zu-rückreisen musste, konnte er den Ter-

Being a organ-examinor Bach and his wife Anna Magdalena travelled to Kassel from the 22nd until the 29th of September in 1732. Here Bach was requested to examine the organ of St. Martin's Church and initiate it during mass on the 28th of September. A bomb-raid on the 22nd of October in 1943 destroyed big parts of Kassel's old city. St. Martin's Church, too, suffered great damages. During the restoration from 1954 until 1960 parts of the church were rebuilt in a more modern fashion. The tradition, that St. Martin's Church is a place where sacred music is performed is still cherished.

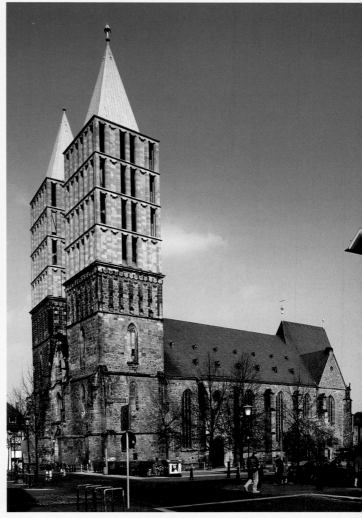

St. Martin, Außenansichten im Zustand kurz vor 1889 (unten Mitte) und heute (rechts); Innenraum um 1920 (unten rechts).

unten links: Der Innenraum erhielt 1954–60 beim Wiederaufbau ein Falten-gewölbe. Die Glasfenster im Chor stammen von Hans-Gottfried von Stockhausen (Entwurf 1960).

Köthen

Info:
**Stadtverwaltung-
Kulturamt Köthen**
Marktstraße 1–3
06366 Köthen/Anhalt
Tel.: 03496/425152

Köthen-Information
Hallesche Straße 10
06366 Köthen/Anhalt
Tel. u. Fax:
03496/216217

Schloss Köthen
Schlossplatz 4
06366 Köthen/Anhalt
Tel.: 03496/212546
Fax: 03496/214068
geöffnet:
Di–Fr 9–17 Uhr
Sa 14–17 Uhr
So 10–12 u. 14–17 Uhr

Die Residenzstadt Köthen sollte die vorletzte Lebensstation Bachs werden, bevor er sich dann endgültig in Leipzig niederließ. Fürst Leopold von Sachsen-Anhalt, der in Köthen seit 1713 regierte, berief Bach, den er bereits in Weißenfels kennengelernt hatte, am 5. August 1717 als Hofkapellmeister nach Köthen.

Bach konnte diese Stellung jedoch nicht antreten, da ihn sein bisheriger Weimarer Dienstherr Herzog Wilhelm Ernst nicht entlassen wollte. Der Streit mit Wilhelm Ernst eskalierte. Am 6. November 1717 wurde Bach sogar in Arrest genommen. Schließlich wurde Bach wegen seiner Halsstarrigkeit in Ungnaden entlassen, wie ausdrücklich vermerkt wurde, und er durfte am 2. Dezember Weimar verlassen. So konnte er am 10. Dezember 1717 seine Stelle in Köthen

antreten. Ihm unterstand die achtzehnköpfige Hofkapelle, zu der auch der Gambenspieler Christian Ferdinand Abel zählte.

Bach fühlte sich in Köthen zunächst sehr wohl, mit seinem Dienstherren verstand er sich so gut, dass Fürst Leopold im November 1718 Taufpate von Bachs früh verstorbenen Sohn Leopold Augustus (1718–1719) wurde. Ein schwerer Schlag traf Bach nach seiner zweiten Reise nach Karlsbad 1720, als er erfuhr, dass seine Frau Maria Barbara völlig überraschend verstorben war.

Im nächsten Jahr heiratete er in Köthen seine zweite Frau, die Sängerin Anna Magdalena geb. Wilcke. Zu den bekanntesten Werken seiner Köthener Zeit gehören die Brandenburgischen Konzerte oder das „Wohltemperierte Klavier", das er hier begann.

Schloss mit Torhaus von 1670 und Brücke. Links vom Torhaus stand das Alte Amtshaus (1944 zerstört) mit der Bibliothek und der Musikkammer.

Nachdem Fürst Leopold im selben Jahr Henrietta von Bernburg geheiratet hatte, schienen sich dessen musikalische Interessen zu verändern. Bach bewarb sich schließlich in Leipzig als Thomaskantor und wurde am 23. April 1723 vom Leipziger Rat gewählt. Obwohl die Fürstin Henrietta bereits am 4. April verstorben war, blieb Bach bei seinem Entschluss, nach Leipzig zu wechseln und zog im Mai 1723 um.

Diesmal wurde Bach in Gnaden entlassen und blieb Fürst Leopold weiterhin verbunden. Er gastierte 1724, 1725 und 1728 in Köthen. Den Titel eines Köthener „Kapellmeisters von Hause aus" durfte er bis zum Tod des Fürsten 1728 weiter führen.

oben: Schloss mit dem Ludwigs-Bau, 1600–08 von den Brüdern Peter und Franz Niuron erbaut. Hier ist das Historische Museum mit der Bach-Gedenkstätte untergebracht.

links: Bach-Gedenktafel des Köthener Bildhauers Robert Propf 1952 am östlichen Treppenturm des Ludwigs-Baus.

Nordflügel des Schlosses mit Küche, Backhaus und Badestube (1600–08).

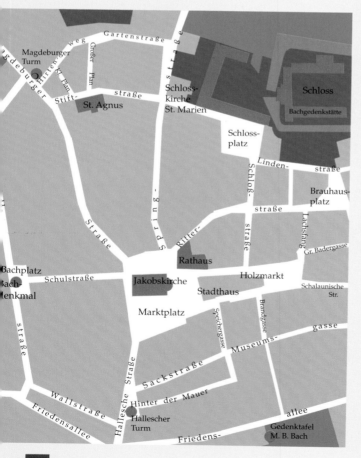

Zur Trauerfeier für Fürst Leopold hatte Bach im Auftrag des Hofes die Musik geschrieben, die er am 23./24. März in der Jakobskirche aufführte.

Das **Schloss**, heute historisches Museum und Amtsgericht, diente von 1244–1847 als Anhaltinische Fürstenresidenz. Der heutige Bau entstand weitgehend in der Renaissance von 1597–1611, nach Renovierung 1670 folgte im früheren 18. Jahrhundert eine Umgestaltung im Inneren, im 19. Jahrhundert weitere Um- und Anbauten. Zum ersten Renaissancebau gehören der westliche Johann-Georg-Bau und der südliche Ludwigsbau von 1600–1608, in dem sich die Bach-Gedenkstätte befindet. Der ehemalige Thronsaal im Obergeschoss des Ludwigbaus, in dem die Hofkapelle unter Bach aufspielte, wurde um 1823 von Gottfried Bandauer klassizistisch umgestaltet, ebenso der nördliche Schlossflügel, der Ferdinandsbau. Auch die Schlosskapelle im Untergeschoß, in der Bachs bald verstorbener Sohn Leopold Augustus getauft worden war, ist nicht original erhalten, sondern das Ergebnis einer Rekonstruktion von 1988–91. Im Schlosshof erinnert eine Gedenktafel an Bach.

Die **St. Agnuskirche** in der Stiftsstraße wurde 1694–99 als lutherische Pfarrkirche erbaut, die mit Unterstützung der lutherischen Fürstin Agnes entstand, auf die die Namensgebung anspielt. Als Lutheraner war für Bach diese Kirche die Abendmahlskirche, er hatte hier Kirchenstühle gemietet, besuchte den Gottesdienst und nahm 1734 auch einen Orgelumbau ab. Der schlichte flachgedeckte Saalbau mit umlaufenden Emporen wurde 1849 und 1960 umgestaltet.

Köthen should become Bach's next to last station in life before finally settling down in Leipzig. Duke Leopold of Saxe-Anhalt asked him to become the conductor at his courtyard. Bach wasn't able to take this position because his employer duke Wilhelm Ernest of Weimar didn't want to let him go. Bach had a escalating fight with Wilhelm Ernest, which had the consequence that Bach was even arrested on the 6th of November in 1717. Finally Bach was released and was allowed to leave Weimar. So he was able to become the conductor in Köthen on the 10th of December in 1717. In 1720 Bach's wife Maria Barbara died all of a sudden. The following year Bach married his second wife, the singer Anna Magdalena. After Duke Leopold had married Henrietta of Bernburg his musical interest seemed to have changed, so Bach applied for a job in Leipzig, and got the job on the 23rd of April, 1723. The castle, which is now a historical museum, used to be a residence for the dukes. The biggest part of the castle was built during renaissance from 1597–1611. After a renovation in 1670 a reconstruction in the inside followed, in the 19th century further rebuildings were made. In the courtyard a commemorative stone reminds of Bach.

Die **Stadt- und Kathedralkirche St. Jakob**, in der Bach 1728 die Trauermusik für Fürst Leopold aufgeführt hatte, ist eine große dreischiffige Hallenkirche, deren Bau um 1401 begann und sich bis 1514 hinzog. Ein West-

BACH-GEDENKSTÄTTE im Schloss

oben: „Rotes Zimmer".

links: „Grünes Zimmer" mit Exponaten des Fürsten Leopold.

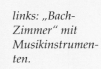

links: „Bach-Zimmer" mit Musikinstrumenten.

St. Agnus-Kirche, 1693–99 von Johann Bernhard Beuchel erbaut. Hier besaß Johann Sebastian Bach als Kapellmeister einen Kirchenstuhl, für den er regelmäßig Stuhlmiete zahlen musste.

Eine Gedenktafel auf dem ehemaligen Friedhof erinnert an das Grab von Bachs Frau Maria Barbara, die 1720 verstarb.

turm stürzte 1599 ein, die heutige Doppelturmfassade stammt erst von 1895–97. Der spätgotische Innenraum ist von einer historistischen Umgestaltung durch Vinzenz Statz von 1866–69 geprägt. Auch die Orgel mit Prospekt wurde erneuert, 1872 erhielt die Jakobskirche ein Instrument von Friedrich Ladegast aus Weißenfels, ein bemerkenswertes und gut erhaltenes Zeugnis romantischer Orgelbaukunst.

Am Bachplatz, westlich des Marktplatzes, steht das 1885 von Heinrich Pohlmann geschaffene **Johann-Sebastian-Bach-Denkmal**, das anlässlich des 200. Geburtstages von Bach aufgestellt wurde.

Als sich Bach 1720 mit Fürst Leopold und einigen Musikern in Karlsbad (Tschechien) aufhielt, verstarb überraschend Bachs Frau Maria Barbara. Als Bach zurückkehrte, war seine Frau bereits auf dem lutherischen (östlichen) Teil des Friedhofs beigesetzt worden. An Maria Barbara und den **Friedhof** erinnert heute eine Gedenktafel.

Reste der Stadtmauer: der Magdeburger Turm von 1562 (Laterne 1784, oben) und der Hallesche Turm des 14. Jahrhunderts (unten).

Die katholische **Schlosskirche St. Marien** wurde 1827–32 nach Plänen von Gottfried Bandauer errichtet, ein mächtiger klassizistischer Zentralbau über annähernd quadratischem Grundriss. Die Marienkirche zählt zu den eindrucksvollsten Kirchenräumen des Klassizismus in Deutschland.

oben: Rathaus, 1889/1900 nach Entwürfen von Heinrich Reinhardt & Georg Süßenguth erbaut.

S. 69 oben: Blick vom Bachplatz zur Ref. Stadt- und Kathedralkirche St. Jakob.

unten: Ref. Stadt- und Kathedralkirche St. Jakob, nördliches Seitenschiff.

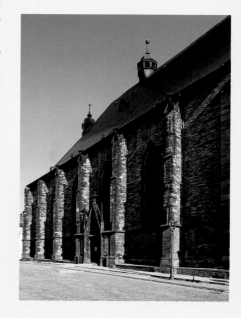

Auf dem Bachplatz steht das Johann-Sebastian-Bach-Denkmal. Die Bronzebüste schuf der Berliner Maler und Bildhauer Heinrich Pohlmann, errichtet 1885 aus Anlass des 200. Geburtstags des Komponisten. Das Denkmal steht vor dem stattlichen Gebäude Wallstraße 31, der ehem. Goldwirkwarenmanufaktur, spätestens 1720 erbaut und 1828 von Christian Cottfried Heinrich Bandhauer zum „Palais auf dem Walle" umgestaltet.

Langewiesen

Info:
Evangelisch-Lutherisches Pfarramt Langwiesen
Hauptstraße 42
98704 Langewiesen
Tel.: 03677/814471
Fax: 03677/800144

Liebfrauenkirche, 15. Jh., 1675–80, 1731/32 (Turm). Am 28. November 1706 prüfte Johann Sebastian Bach die Orgel der Kirche.

In Langewiesen, etwa 20 km südlich von Arnstadt gelegen, hatte Bach am 28. November 1706 die Orgel der Liebfrauenkirche zu prüfen. Der spätgotische Vorgängerbau wurde nach mehreren Bränden 1675–80 durch einen Neubau unter Einbeziehung älterer Reste ersetzt. Sie ist als schlichte Saalkirche mit eingezogenem dreiseitigen Chor gebildet. Der Nordturm mit einer welschen Haube stammt erst von 1731/32, die Fenster wurden 1817 verändert. Zuletzt wurde die Kirche 1991 renoviert.

Die 1706 vollendete Orgel, die Bach zu prüfen hatte, war ein Werk des

In Langewiesen Bach had to examine the organ in the Church of Our Lady on the 28th of November in 1706.
After a couple of fires the late-gothic building was replaced in the years between 1675–80. The northern tower is from 1731/32, the windows were altered in 1817. In 1991 the church was was renovated last.

Coburgers Johann Albrecht. Dieses Instrument ist heute nicht mehr vorhanden, 1845 erhielt die Kirche eine neue Orgel der Firma Schulz aus Paulinzella.

*Im Nachbarort **Gehren** lebte der Organist, Komponist und Instrumentenbauer Johann Michael Bach, dessen Tochter (in Gehren am 1684 geboren) die erste Ehefrau Johann Sebastian Bachs wurde. Ihre Wohnung (zugleich Schule) und die Kirche wurden 1828 zugunsten des heutigen Baus (1830–34) im Rundbogenstil abgerissen (alter Zustand s. Abb. S. 23).*

Leipzig

Im Mai 1723 kam Bach nach Leipzig, wo er das Thomaskantorat übernahm. Die sächsische Metropole blieb bis zu seinem Tod sein Wohnort. Leipzig sollte auch der Ort werden, an dem er sich am längsten aufhielt. Durch sein andauerndes Wirken hat Bach viele Spuren hinterlassen und trug zum Ruf Leipzigs als Musikstadt nicht unerheblich bei.

Viele seiner bekanntesten Kompositionen schrieb oder vollendete Bach in Leipzig, dazu gehören zahlreiche Kantaten, Werke wie die Johannes- und Markuspassion, das Weihnachtsoratorium, der zweite Teil des „Wohl-temperierten Klaviers", die Gold-berg-Variationen, die h-Moll-Messe, das „Musikalische Opfer" oder die „Kunst der Fuge". Besonders in den ersten Jahren seiner Leipziger Zeit bewältigte er dabei ein enormes Arbeitspensum.

Bach hatte die Nachfolge J. Kuhnaus als Thomaskantor angetreten. Zu seinen Verpflichtungen gehörte auch der Lateinunterricht, den Bach allerdings möglichst zu umgehen suchte. Vor allem hatte er den Gottesdienst in den beiden Hauptkirchen, der Thomas- und Nicolaikirche, zu betreuen, als „Director musices" überwachte

Info:
Leipzig Tourist Service e.V.
Richard-Wagner-Straße 1
04109 Leipzig
Tel.: 0341/7104260
Fax: 0341/7104267

Bachmuseum u. **Bach-Archiv Leipzig**
Thomaskirchhof 15/16
04109 Leipzig
Tel.: 0341/9137-0
Fax: 0341/9137205
www.bach-leipzig.de
geöffnet:
täglich 10–17 Uhr

Thomaskirche und Thomasschule nach einem Kupferstich von Johann Gottfried Krüger d. Ä. aus der Thomasschulordnung von 1723. Bach wohnte in der Thomasschule. Sie wurde einschließlich der berühmten „Componierstube" 1902 abgerissen. Die spätgotische Thomaskirche wurde um 1950 nach Kriegszerstörung in alten Formen wiederaufgebaut.

S. 73:
Bachdenkmal von Carl Seffner, 1908, vor der Thomaskirche.

„Collegium musicum", das wöchentlich in Leipziger Kaffeehäusern öffentlich konzertierte.

Der Thomanerchor konnte schon zu Bachs Zeiten auf eine lange Tradition zurückblicken, er ging aus dem Knabenchor der 1212 gegründeten Thomasschule hervor, ein erster Chorleiter wird 1295 erwähnt. Als Bach die Chorleitung übernahm, bestand der Chor aus 54 Sängerknaben, die in der Thomasschule wohnten, dazu kamen bis zu 22 Instrumentalisten. Heute zählt der hochberühmte Chor etwa 90 Sänger und gestaltet nicht nur regelmäßig die Gottesdienste der Thomaskirche, sondern gibt auf Tourneen auch weltweit Gastspiele und ist besonders der Aufführung der Musik Bachs verpflichtet. Bach war seinem Amt entsprechend in der Dienstwohnung der heute abgerissenen Thomasschule untergebracht.

Wie kaum ein anderer Bau ist die **Thomaskirche** im Bewusstsein der Öffentlichkeit mit Bach verbunden.

die Kirchenmusik in ganz Leipzig und ebenso in der Paulinerkirche, der Universitätskirche. 1729–37 und von 1739–41 (oder 44) übernahm Bach zusätzlich die Leitung eines

In the year 1723 Bach came to Leipzig, where he stayed for the longest period of his life and finally died. Through Bach Leipzig got the reputation of being a „Music City", because many of Bach's most famous works were written there. Bach became the precentor and also gave lessons in Latin. He also took care of the church services and kept an eye on church music all over town. In the years between 1729–1737 and in the years between 1739–41 Bach became the director of the so called „Collegium musicum", which played in public every week. At the time when Bach became the precentor the choir counted 54 boys plus 22 instrumentalists, which lived in the Thomas-School. Today the very famous choir counts about 90 singers. The choir performs in local churches as well as in concert halls around the world. As no other, the Thomas-Church is connected with Bach in the public mind. Patron of the church is the disciple Thomas. The neogothic church was built in the years between 1482–1496, in 1570 the renaissance-style gallery was added. The church was damaged in the 30-year-war and soon after that repaired. In 1813 part of the interior was damaged, because at this time the church served as a military hospital. In the second half of the 19th century a restauration began; baroque pieces were torn down; choir, northern side and western facade were decorated with sandstone and at the western side a neogorhic portal was added. In the inside a new organ from Sauer was added.

Im Jahre 1212 wurde von Markgraf Dietrich von Meißen die Gründung eines Augustiner-Chorherrenstifts verfügt, als Patron der nicht erhaltenen romanischen Vorgängerkirche wird 1218 der Apostel Thomas genannt. 1482–1496 entstand die heutige dreischiffige Hallenkirche in spätgotischen Formen, 1537 folgte der achteckige Chorflankenturm mit einer welschen Haube. Die Stiftsgebäude wurden 1541 bald nach Einführung der Reformation abgebrochen. In den Seitenschiffen baute man 1570 die Emporen im Renaissancestil ein. Die Kirche wurde im 30-jährigen Krieg beschädigt und bald wieder repariert. Während der Befreiungskriege musste die Thomaskirche als Magazin und 1813 als Lazarett herhalten und wurde im Inneren erheblich beschädigt. In der zweiten Hälfte des 19. Jahrhunderts begann eine durchgreifende Restaurierung, barocke Anbauten wurden abgebrochen, Chor, Nordseite und die Westfassade mit Sandstein verblendet sowie ein neugotisches Westportal vorgesetzt. Innen wurden eine neugotische Kanzel, ein Chorgestühl und die neue Sauer-Orgel eingebaut.

Die Turmhaube fiel dem Zweiten Weltkrieg zum Opfer und wurde 1950 wieder aufgesetzt. Bei den folgenden Renovierungen wurde die mittelalterliche Farbfassung des Innenraums

S. 74:
Thomaskirche.
oben: Blick nach Westen.
unten: Bachs Grab in der Thomaskirche, Grabplatte von 1964.
Bach wurde 1750 auf dem Johannisfriedhof begraben. Einen Gedenkstein hatte man jedoch nicht gesetzt. Deshalb geriet sein Grab in Vergessenheit. 1894 wurden die mutmaßlichen Gebeine Bachs zunächst in der Johanniskirche, 1949 in der Thomaskirche beigesetzt.

The upper part of the tower was damaged in World War II and rebuilt in 1950. During the renovation the colorings in the interiour, which were from the Middle Ages, were remade. The organs that originated from Bach's time are not preserved. In the year 2000 the so called „Bach-organ" was initiated, which was built by Gerald Woehl.
Inside the church the tomb of Johann Sebastian Bach can be found. Originally Bach was burid on the Johannis-cemetery in Leipzig, but after its destruction in 1949 he was taken to Thomas-Church. The neogothic window with a picture of Bach was crafted by Carl de Bouché and since 1997 there is also a Mendelssohn-window.

S. 75:
Thomaskirche.
links: Bachfenster
in der Südwand
des Langhauses,
1905 von Carl de
Bouché geschaffen.
rechts oben: West-
fassade.
rechts unten:
Ansicht von
Süden.

weitgehend wiederhergestellt und das neugotische Chorgestühl entfernt.

Die Orgeln aus der Zeit Bachs sind nicht mehr erhalten. Schon 1384 wird eine Orgel erwähnt. 1601 wurde auf der Westempore eine Orgel mit ursprünglich 26 Stimmen auf 3 Manualen und Pedal fertiggestellt. Auf diesem mehrfach erweiterten und umgebauten Instrument wird Bach sicherlich gespielt haben. Während eines Leipzig-Besuchs spielte hier Wolfgang Amadeus Mozart, ebenso gab 1840 Felix Mendelssohn Bartholdy ein Benefizkonzert, dessen Erlös dem ersten Bach-Denkmal zugute kam. Diese Orgel wurde 1885 abgebrochen.

Eine zweite Orgel existierte 1489–1740 auf einer Empore an der Ostwand des Langhauses, über dem Ansatz des Chores. 1886–89 schuf der Orgelbauer Wilhelm Sauer die heutige Orgel mit zunächst 63 Registern, die 1902 sowie 1907/08 umgebaut und vergrößert wurde. Nach weiteren Umbauten wurde sie bei der Restaurierung von 1988–93 wieder in den Zustand von 1908 versetzt. 1967 erhielt die Thomaskirche mit dem Einbau der Schuke-Orgel auf der Nordempore ein zweites Orgelwerk mit 47 Registern auf drei Manualen und Pedal. 2000 wurde die „Bach-Orgel" auf der Nordempore des Marburger Orgel-

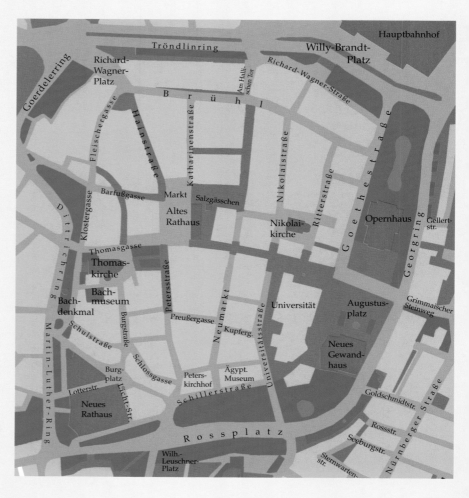

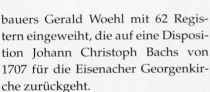

Bosehaus (Thomaskirchhof 16), in dem seit 1985 das Bach-Museum untergebracht ist.

bauers Gerald Woehl mit 62 Registern eingeweiht, die auf eine Disposition Johann Christoph Bachs von 1707 für die Eisenacher Georgenkirche zurückgeht.

Im westlichsten Joch des Langchores befindet sich das **Grab von Johann Sebastian Bach**, der zunächst auf dem Leipziger Johannisfriedhof und in der Johanniskirche bestattet worden war und erst nach deren endgültiger Zerstörung 1949 in die Thomaskirche überführt wurde. Zunächst befand sich das Grab am Anfang des Chores. 1964 erhielt es unter einer schlichten, bündig in den Boden eingelassenen Bronzeplatte seinen heutigen Standort im Chor.

Das neugotische Fenster in der Südseite des Langhauses mit einem Bach-Bild wurde 1905 von Carl de Bouché geschaffen. Seit 1997 gibt es auch ein Mendelssohn-Fenster.

Die südlich des Westportales direkt

Superintendatur von 1904 neben der Thomaskirche. An der Stelle des Gebäudes stand bis 1902 die Thomasschule.

neben der Kirche befindliche Thomasschule, zugleich Bachs Wohnhaus, wurde 1902 kurzerhand abgerissen, heute steht an ihrer Stelle die 1904 erbaute Superintendantur. Ohne diese unüberlegte Zerstörung wäre Leipzig heute sicherlich um eine hochrangige Bach-Gedenkstätte reicher.

Im **Bosehaus** (Thomaskirchhof 16) befindet sich seit 1985 das **Bach-Museum**, das an Leben und Arbeit des Komponisten erinnert und regelmäßig Sonderausstellungen und musikalische Aufführungen anbietet. Hier befindet sich auch das Bach-Archiv,

das 1950 gegründet wurde und Materialien zu Bach und seiner Familie im Archiv und in einer Bibliothek sammelt. Das zugehörige Forschungsinstitut erforscht und dokumentiert diesen Themenbereich und betreut mehrere bedeutende Publikationsreihen zu Bach. Auch das Leipziger Stadtarchiv (Torgauer Straße 74) besitzt einige Bach-Archivalien, die zu Forschungszwecken eingesehen werden können, ebenso die Musikbibliothek der Städtischen Bibliothek.

Ebenfalls unweit der Thomaskirche steht am Dittrichring das **erste Bach-Denkmal**, das auf Initiative des

Bach-Denkmal von Hermann Knauer, das Felix Mendelssohn-Bartholdy 1843 stiftete. Mendelssohn hatte 1829 durch seine Aufführung der Matthäuspassion die allgemeine Aufmerksamkeit wieder auf Bach gelenkt, dessen Werk in Vergessenheit geraten war. Erst die 1850 gegründete Bachgesellschaft begann mit der Herausgabe der Werke.

Komponisten und Musikdirektors des Gewandhauses Felix Mendelssohn Bartholdy zustande kam und 1843 errichtet wurde. Zur Finanzierung des Denkmals veranstaltete Mendelssohn-Bartholdy Benefizkonzerte, 1841/42 schuf der Bildhauer Hermann Knauer gemeinsam mit Friedrich Hiller das zurückhaltend-bescheidene Denkmal in Neugotik- und Neurenaissanceformen. Ein Säulenbündel trägt vier Reliefs, die von einem Tabernakel mit einer Kreuzblume darauf überfangen werden. Ein Relief zeigt ein Porträt Bachs. Ein orgelspielender Engel weist auf Bachs Organistentätigkeit hin; ein Engel, der Knaben Singunterricht erteilt, ist auf das Thomaskantorat gemünzt. Kreuz, Dornenkrone und Kelch deuten auf die Passionsmusiken hin.

1908 wurde südlich vor der Thomaskirche das von Carl Seffner geschaffene neubarocke **Bach-Denkmal** aufgestellt, dessen Gesichtszüge sich an der Rekonstruktion des Anatomen Wilhelm Hiß anhand von Bachs Schädel orientieren. Bach wurde nun als der unnahbare, alles überragende Musikheroe dargestellt, der vor einer thronartigen Orgelbank steht, in seiner rechten Hand zusammengerollte Notenblätter gleich einem Marschallstab hält und über die Köpfe der Betrachter hinweg in die Ferne blickt.

Ein weiterer, auf das engste mit Bach verbundener Bau ist die **Nikolaikirche**, die eigentliche Haupt- und Stadtpfarrkirche Leipzigs. Bach hatte wie die Thomaskirche auch die Nikolaikirche zu betreuen, die ebenfalls etliche Uraufführungen seiner Werke erlebte. Sie gehört zu den ältesten Pfarrkirchen von Leipzig. Reste des

romanischen Westwerks sind in der Westfassade erhalten. Die achteckigen Turmaufsätze stammen aus dem 14. Jahrhundert, das dreischiffige, spätgotische Hallenlanghaus entstand 1513–23 unter Baumeister Benedikt Eisenberg, die Planung lag bei Konrad Pflüger. Der mittlere Turm wurde 1556 aufgestockt und 1731 mit einer barocken Spitze bekrönt.

Von der Innenausstattung und den Orgeln aus der Zeit Bachs ist fast nichts erhalten, da der Innenraum von 1784–97 unter Baudirektor J. F.

Nikolaikirche, in der zahlreiche Uraufführungen Bachs stattfanden.

*Nikolaikirche,
Inneres nach
Osten.*

C. Dauthe mit einer sehr qualitäts-
vollen klassizistischen Ausstattung
überformt wurde, ein relativ frühes
und originelles Beispiel dieser Kunstepoche. Die gotischen Pfeiler wurden
zu kannelierten Säulen umgestaltet,
aus deren Kapitellen Palmwedel her-
vorgehen, die in die Kassetten der
Deckenwölbung überleiten. Die ursprüngliche Farbfassung ist mittlerweile wiederhergestellt.

Die heutige Orgel stammt erst aus
den Jahren 1859–62 und 1902 und ist
mit ihren über 6000 Pfeifen die größte
von Leipzig und Umgebung.

Aus völlig anderen Gründen wurde
die Nikolaikirche als ein Ort bekannt,
an dem in jüngerer Zeit Geschichte
gemacht wurde: sie ist eine der Keim-
zellen der „friedlichen Revolution"

*Alte Nikolaischule
neben der Nikolaikir-
che. In der ersten
städtischen Schule
Leipzigs waren Gott-
fried Wilhelm Leib-
niz, Christian Tho-
masius und Richard
Wagner Schüler.
Der Renaissancebau
wurde 1568 errich-
tet.*

gegen das SED-Regime der DDR.
Hier begannen 1988 die montäg-
lichen Friedensgebete, an die sich
später die Montagsdemonstrationen
anschlossen, die sich Mitte 1989 – wie
an anderen Orten der DDR – zur un-
übersehbaren und letztlich siegrei-

*Altes Rathaus,
von Baumeister
Hieronymus Lotter
1556/57 erbaut.*

Der alte Johann Sebastian Bach auf einem Gemälde des Leipziger Hof- und Ratsmalers Elias Gottlieb Haußmann 1747, heute im Museum für Stadtgeschichte in Leipzig. Das Gemälde war für die Bibliothek der Leipziger „Societät der musicalischen Wissenschaften" bestimmt, der Bach 1747 beigetreten war. In der Hand hält er ein Notenblatt, auf dem ein sechsstimmiger Tripelkanon Zeugnis von seinen „musicalischen Wissenschaften" gibt.

chen Massenbewegung gegen das Regime ausweiteten, das sich schließlich mit der Öffnung der Grenzen am 9. November 1989 geschlagen gab.

Das prachtvolle **alte Rathaus** am alten Messegelände wurde 1556/57 in einer enorm kurzen Bauzeit errichtet und zählt zu den bedeutendsten Profanbauten der deutschen Renaissance. Die Fassade wird mit einer Reihe von sechs großen Giebeln im Dachbereich gegliedert; aus der Mittelachse gerückt, markiert ein achteckiger Turm mit welscher Haube das Rathaus als stolzes Wahrzeichen der Stadt. Nach schweren Schäden durch den Zweiten Weltkrieg wurde das Rathaus bis 1950 wieder aufgebaut. Bach war zumindest für seine Anstellung im Rathaus gewesen und dürfte es gelegentlich, etwa für Verhandlun-

gen mit seinen Vorgesetzten, aufgesucht haben.

Das **stadtgeschichtliche Museum** im alten Rathaus zeigt in der ehemaligen Ratsstube ein Porträt von Bach, das 1746 von Elias Gottlob Haußmann gemalt wurde und als einziges authentisches Porträt von Bach angesehen wird.

Der Musikliebhaber wird nicht zuletzt das **Musikinstrumenten-Museum der Universität Leipzig** (Täubchenweg 2c) besuchen, das über 5000 historische Instrumente besitzt, darunter auch zahlreiche Stücke aus der Zeit Bachs, die einen guten Überblick über den Instrumentenbau dieser Zeit ermöglichen.

Bachs Wirken im überwiegend mit Studenten besetzten „Collegium musicum", das 1702 von Georg Philipp Telemann gegründet worden war, half mit, ein regelmäßiges, bürgerliches Konzertwesen in Leipzig zu etablieren. Das Collegium gab wöchentlich „ordinaire" Konzerte in Kaffeehäusern des Cafetiers Gottfried Zimmermann vor Publikum und spielte auch zu besonderen Anlässen auf. Über die Tradition des Collegium kann man eine Linie über das 1743 gegründete bürgerliche „Conzert" bis zur Gründung des weltbekannten Leipziger Gewandhausorchesters 1781 ziehen. Das heutige, 1977–81 erbaute **Gewandhaus** zählt zu den führenden Spielstätten in Deutschland. Im Foyer fand das 1902 von Max Klinger geschaffene Beethoven-Denkmal Platz.

Als die Rittergüter in **Kleinzschocher** (heute der südwestlich gelegene Stadtteil Leipzig-Kleinzschocher) am 30. August 1742 an den Kammerherren Carl Heinrich von Dieskau übergingen, komponierte Bach zu diesem

Vor der prächtigen barocken Alten Handelsbörse, die 1678–87 als Versammlungsgebäude der Leipziger Kaufmannschaft erbaut wurde, steht das Goethedenkmal, das 1903 von Carl Seffner geschaffen wurde, der auch das Bachdenkmal vor der Thomasschule ausführte.

Anlass eine „Cantate en burlesque", eine Bauernkantate. Bei der Zeremonie der Huldigung mussten die Untergebenen dem neuen Rittergutsbesitzer Gehorsam schwören, gleichzeitig wurde an diesem Tag noch der

Am Markt stehen stattliche Gebäude der Renaissance, des Barock und des Klassizismus. Das Eckgebäude „Alte Waage" (Markt/ Ecke Katharinenstraße, im Bild rechts) wurde 1555 wahrscheinlich von dem Rathausarchitekten Hieronymus Lotter errichtet.

Neues Gewandhaus.

Leipzig war und ist ein bedeutendes wirtschaftliches und geistiges Zentrum, Handel, Börse und Messen haben hier eine lange Tradition und prägten die Stadt ebenso wie etwa die 1409 gegründete Universität oder der Buchhandel, zahlreiche Verlage, Musikverlage und Künstler. Trotz der umfassenden Zerstörungen des Zweiten Weltkriegs und anschließender sozialistischer Planungen weist Leipzig noch ein ansprechendes Stadtbild auf. Durch ihre Größe beeindrucken etwa das 1899–1905 unter Hugo Licht erbaute historistische neue **Rathaus** oder das überdimensionale, 1913 vollendete **Völkerschlachtdenkmal**, das an die 1813 geschlagene Völkerschlacht bei Leipzig gegen Napoleon erinnert. Der 1915 kurz danach vollendete **Hauptbahnhof** mit seiner etwa 300 m langen Empfangshalle und den riesigen Bahnsteighallen über einst 26 Gleisen, die früher in einen preußischen und sächsischen Teil geteilt waren, gehört zu den größten Bahnhöfen Europas. Das **Universitätshochhaus** von 1973, das die Form eines aufge-

Geburtstag von Dieskaus gefeiert. Von Dieskau war nicht nur Gutsbesitzer, sondern auch Kreishauptmann, Steuereinnehmer und Direktor der königlichen Kapell- und Kammermusik in Dresden. Möglicherweise fühlte sich Bach deswegen von Dieskau verpflichtet, da Bach 1736 in Dresden zum königlichen Hofkomponisten ernannt worden war. Das Rittergut Kleinzschocher zählte mit seinem Park zu den schönsten Gütern von Sachsen. Das Herrenhaus fiel dem Zweiten Weltkrieg zum Opfer. Am erhaltenen Barockportal wurde eine Erinnerungstafel an die Aufführung von Bachs Bauernkantate angebracht.

Opernhaus.

schlagenen Buches widergeben soll oder das in den 1990er Jahren gestaltete **Messegelände West** zeugen von den Bestrebungen der jüngeren Zeit. Um 1900 begann der Aufbau der Messepaläste mitten in der Innenstadt beim alten Rathaus, zu deren Komplex die Mädler-Passage gehört, unter der sich seit 1538 **Auerbachs Keller** befindet, der durch Goethes „Faust" in die Literaturgeschichte eingegangen ist. Aus der Barockzeit ist die **Katherinenstraße** mit ihren schönen Fassaden und das **Roma-nushaus** von 1701–04 sehenswert (Nr. 23). Die **alte Börse**, ab 1678 am Naschmarkt erbaut, wurde nach schweren Kriegsschäden 1955–62 wieder aufgebaut.

In der Kleinen Fleischergasse liegt das berühmteste Kaffeehaus Leipzigs, das aus dem 16. Jahrhundert stammt und 1718 umgebaut wurde, zu seinen Gästen zählten neben Robert Schumann auch Goethe, Lessing, Liszt oder Wagner.

Weiter außerhalb in Leipzig Gohlis (Menckestr. 23) liegt das **Gohliser Schlösschen**, ein 1755/56 erbautes Sommerpalais des Leipziger Kaufmanns Johann Caspar Richter.

Bach war zunächst auf dem Leipziger **Johannesfriedhof** (neben dem Grassimuseum gelegen), bis zu dessen Schließung 1893, bestattet. 1894 fand und exhumierte man Bachs Sarg, der Anatom Wilhelm Hiß identifizierte die Gebeine und rekonstruierte danach anhand des Schädels die Gesichtszüge Bachs. Die Johanneskirche wurde 1894 bis auf den barocken Turm abgerissen und in neubarocken Formen wiedererrichtet, Bach 1900 in einer Gruft unter dem Altar der Johanniskirche beigesetzt.

Nach weitgehender Zerstörung der Johanneskirche im Zweiten Weltkrieg gab es 1946 Planungen, die Ruine für den Bau eines prachtvollen Bach-Mausoleums zu verwenden – ungeachtet der enormen Kriegszerstörungen in Leipzig. Nachdem die Ruine des Johanneskirche 1949 (der Turm 1963) kurzerhand gesprengt wurde, gelang es gerade noch, die Gebeine Bachs zu retten. Seine sterblichen Überreste wurden am 28. Juli

In der Hainstraße befindet sich der Barthels Hof von 1747/50. Es ist der letzte typische Handelshof der Barockzeit.

links: Das Frege-haus wurde 1706/07 vom Ratsbaumeister Fuchs erbaut. 1782 kaufte es der reiche Leipziger Bankier Christian Gottlob Frege.

rechts: Das Roma-nushaus (Ecke Katharinenstraße/ Brühl) ist ein repräsentativer Barockbau. Der Bauherr Franz Conrad Romanus genoss die Gunst Kurfürst August des Starken und wurde auch des-halb mit 30 Jahren Bürgermeister von Leipzig.

1949 in die Thomaskirche überführt und dort im Chor beigesetzt. Auch die Universitätskirche St. Paul an der Grimmaischen Straße, die ebenfalls einige Aufführungen unter Bach er-lebt hatte, existiert heute nicht mehr. In ihr hatte schon 1717 der damals in Köthen ansässige Bach die von Jo-hann Scheibe erbaute Orgel geprüft. Die 1240 erbaute und 1471–1521 go-tisch umgebaute ehemalige Domini-kanerklosterkirche übernahm 1543 die Funktion als Universitätskirche. Die Kirche hatte den 2. Weltkrieg fast unbeschadet überstanden und fiel 1968 dem staatlichen Vandalismus der DDR zum Opfer, als die Kirche gesprengt wurde, um dem Neubau der Universität Platz zu machen. Eini-ge Ausstattungsstücke sind erhalten, der Hochaltar ist heute in der Thomas-kirche aufgestellt.

The Thomas-School, which used to stand next to the church and served as Bach's living-house was torn down in 1902. But there is a museum in the Bosehaus, which is a reminder of Bach's life and work. It also contains the Bach-archive, which was founded in the year 1950 and preserves materials concerning Bach and his familiy in a library. Near the Church stands a Bach-monument, which was built on the initiative of Felix Mendelssohn-Bartholdy in the year 1843. Mendelssohn-Bartholdy gave concerts to be able to pay for the monument, which was crafted by Hermann Knauer to-gether with Friedrich Hiller in the years 1841/42. Another monument was errected in 1908 by Carl Seffner. It shows neo-baroque shapes and also stands near the church. With the help of Bach's skull Wilhelm Hiß tried to re-shape Bach's face and referring to his re-sults the monument was crafted. The museum inside the town hall, which deals with the city's history, shows a portrait of Bach paint-ed in 1746 by Elias Gottlaob Haußmann. It is said to be the only genuine portrait of Bach. Furthermore there is a museum in the Uni-versity of Leipzig where more than 5000 his-torical instruments are shown. Some of them are from Bach's time.

Lübeck

Während seiner Arnstädter Zeit hatte Bach sich für den November 1705 vom Dienst befreien lassen. Er wollte in Lübeck den berühmten Orgelmeister und Komponisten Dietrich Buxtehude (1637–1707) kennenlernen, der dort an der Marienkirche angestellt war. Es ist durchaus möglich, dass sich Bach auch für die Nachfolge des bereits 68-jährigen Buxtehude interessierte und so die lokalen Verhältnisse erkunden wollte.

In Lübeck war es bei einer solchen Stellenbesetzung üblich, dass der Nachfolger die Tochter des Vorgängers heiratete. In diesem Fall hätte der 20-jährige Bach die bereits über 30-jährige Tochter Buxtehudes heiraten müssen. Vielleicht ist darin ein persönlicher Grund zu sehen, warum Bach nicht weiter versuchte, die für

ihn durchaus erreichbare Stelle zu bekommen, die zuvor auch schon Georg Friedrich Händel abgelehnt hatte. Der Aufenthalt in Lübeck scheint für Bach so interessant gewesen zu sein, dass er seinen Aufenthalt ohne Genehmigung um etwa drei Monate verlängerte. Für diese unerlaubte Abwesenheit musste er sich anschließend vor dem Konsistorium in Arnstadt verantworten.

Über Bachs Aufenthalt in Lübeck ist im Detail wenig bekannt, etwa welche Kompositionen Buxtehudes er dort zu hören bekam oder ob beide überhaupt näheren persönlichen Kontakt pflegten. Der Einfluss Buxtehudes auf Bachs Orgelkompositionen dieser Zeit ist deutlich, freilich kann Bach seine Musik teilweise auch durch Noten kennengelernt haben.

oben: Marienkirche, Totentanz-Orgel von 1986, zweiter Nachfolger der ab 1477 erbauten und stetig erweiterten sowie 1942 zerstörten berühmten Vorgängerorgel.

Info:
**Lübeck und Trave-
münde Tourist Service
GmbH**
Breite Straße 62
23552 Lübeck
Tel.: 0451/1225420
Fax: 0451/1225419

*S. 87 unten:
Holstentor,
Marienkirche im
Hintergrund links.*

*rechts: Bachdenk-
mal in der
Marienkirche.*

*unten: Gewölbe im
Chor der
Marienkirche.*

Die Hauptpfarrkirche **St. Marien** war um 1200/1220 als dreischiffige romanische Basilika mit einem West- turm nach dem Vorbild des Doms be- gonnen worden. Von diesem ersten Bau haben sich noch Reste erhalten. Nach dem Stadtbrand von 1251 kam es zu einem tiefgreifenden Planwech- sel. Nun plante man eine gewaltige gotische Hallenkirche nach Vorbild von Bautypen aus Hessen und West- falen. Schon nach kurzer Zeit ließ man das begonnene Hallenprojekt fallen und veränderte die Konzep- tion erneut völlig. 1260–80 entstand der basilikale Chor mit Umgang und Kapellenkranz. Die Gewölbehöhe von 38,5 m gehört zu den Höchstleistun- gen der Backsteinarchitektur. Nach einer Baupause wurden 1304 die heu- tigen Türme begonnen. Um 1315 bis um 1330 entstand nach dem Abbruch des Hallenlanghauses das heutige basilikale Langhaus mit niedrigen Seitenschiffen. Die Westtürme erhiel- ten 1350/51 ihre Helme. Mit einer Höhe von 125 m hatte die Marienkir- che bis zur Vollendung des Kölner Doms 1880 die höchste Doppelturm- fassade der Welt.

Die gelungene Umsetzung des Bau- typus einer hochgotischen Kathedra- le in die einheimische Backsteinarchi- tektur gehört zu den großen Leistun- gen der Baumeister. Die Marienkir- che wurde so zum Vorbild für zahl- reiche andere Bauten und gilt als „Mutterkirche der nordeuropäischen Backsteingotik".

Beim Luftangriff auf Lübeck 1942 wurde die Marienkirche schwer be- schädigt, die Dächer und Gewölbe weitgehend zerstört und die Innen- ausstattung sowie die Orgeln ver- nichtet. Zu den wenigen alten Ausstattungsstücken gehören der Marienaltar von 1518, ein Flügelaltar der Antwerpener Schule, der sogenannte Swartealtar von 1495 und das 1476–79 geschaffene Sakramentshaus sowie einige Grabplatten. Das bronzene Triumphkreuz von 1959 schuf Gerhard Marcks.

Die Hansestadt Lübeck zählte im Mittelalter zu den wichtigsten Handelsstädten Nordeuropas, ihr von der Backsteingotik geprägtes Stadtbild hat sich trotz mancher Verluste und der schweren Zerstörungen des Angriffs von 1942 immer noch eindrucksvoll erhalten.

Ein weiteres hochbedeutendes Baudenkmal ist der **Dom**, der Bischofskirche des hierher verlegten Bistums wurde, dessen Grundsteinlegung 1173 unter Heinrich dem Löwen erfolgte. Der Bau der dreischiffigen romanischen Basilika mit immerhin 90 m Länge begann mit dem um 1200 vollendeten Chor, dann folgte das Langhaus, Mitte des 13. Jahrhunderts vollendete die westliche Paradiesvorhalle den Bau. Das Langhaus wurde in gotischer Zeit – wohl in Anlehnung an die Marienkirche – zur Halle umgebaut, der Ostchor schließlich 1341 geweiht. Berühmtestes Ausstattungstück ist das 1477 vollendete riesige Triumphkreuz von Bernd Notke.

Sehenswert sind unter anderem die unzerstörte **St. Jakobikirche** mit Orgeln, die auf die Zeit vor Bach zurückgehen, das **Heilig-Geist-Spital**, das **St. Annen-Museum**, das **Rathaus** und das 1466–78 erbaute **Holstentor**.

Dom, Doppelturmfassade.

During his time in Arnstadt Bach was exempted from service in November of 1705. He wanted to meet the famous organbuilder and composer Dietrich Buxtehude (1637–1707), who worked in the Marien-Church in Lübeck. It is even possible that Bach was interested in Buxtehude's job – he was already 68 years old. Usually the successor of such a position was supposed to marry the predecessor's daughter, but in this case the 20-year-old Bach would've had to marry Buxtehude's already 30-year-old daughter. Maybe this is the reason why Bach did not try to get this position any longer, even if he would have been able to. His stay in Lübeck seems to have been very interesting, because he stayed 3 months longer than he had been permitted.

Lüneburg

Info:
Lüneburg Marketing GmbH
Rathaus
Am Markt
21335 Lüneburg
Tel.: 04131/2076620
Fax: 04131/2076644

St. Johannis, Am Sande, 13./14. Jahrhundert.

Nachdem Bach im März 1700 die Schule in Ohrdruf verlassen hatte, wanderte er nach Lüneburg, wo er in die Michaelisschule, die Lateinschule des Klosters, aufgenommen wurde. Als Freischüler erhielt er dort kostenlosen Unterricht, freie Unterkunft und Verpflegung. Er war Mitglied des Mettenchores, der nicht nur die Gottesdienste der Michaeliskirche musikalisch unterstützte, sondern auch zu bestimmten Gelegenheiten Almosen sammelte. Bach kam bald in den Stimmbruch und wird danach wohl als Instrumentalist gewirkt haben. Bach erhielt Unterricht in den Fächern Latein, Griechisch, Logik, Rhetorik und Arithmetik. Ob Bach von Lüneburg aus am Hof von Celle die französische Musik kennenlernte, ist nicht sicher belegt, aber wahrscheinlich. Von Lüneburg aus besuchte Bach Hamburg, um dort unter anderem den verehrten Johann Adam Reincken und seine Kompositionen kennenzulernen.

Bachs musikalische Lehrer in Lüneburg sind nicht genau fassbar. Nachdem er sich Mitte 1702 letztlich erfolglos in Sangerhausen als Organist beworben hatte, begab er sich spätestens bis März 1703 nach Weimar.

Die **Michaeliskirche** gehörte zum ehemaligen Michaeliskloster der Benediktiner, das Markgraf Hermann Billung bereits 955 gründete. Als eine der beiden Hauptkirchen Lüneburgs steht sie im Mittelpunkt des Marktviertels. Die Gebäude der neben der Kirche gelegenen Michaelisschule, die Bach besucht hatte, wurden durch andere Bauten ersetzt oder abgerissen. Der Bau der in Backstein errichteten spätmittelalterliche Michaeliskirche begann 1376, zuerst baute man Krypta und Chor (1390). Die lichte, dreischiffige Halle des Langhauses entstand im ersten Viertel des 15. Jahrhunderts, der Turm bis 1434, die heutige barocke Turmspitze stammt von 1766. Von der alten Ausstattung ist wenig erhalten. Herausragend sind die Kanzel von David Schwenke (1602) mit einem Schalldeckel von 1865 und die Orgel, deren Prospekt 1708 von Matthias Dropa aus Hamburg geschnitzt wurde.

Als zweite Hauptkirche Lüneburgs bildet die **Johanneskirche** den Mittelpunkt des Sandviertels. Die ab 1300 errichtete fünfschiffige Hallenkirche fällt im Stadtbild besonders durch ihren gewaltigen, 108 m hohen Turm mit Spitzhelm auf, der ab 1406 entstand. Bemerkenswerte Ausstattungsstücke sind der 1430–85 entstandene Hochaltar. Die Johanniskirche besitzt eine der schönsten Orgeln Norddeutschlands, die der Niederländer Jasper Johansen Mitte des 16. Jahrhunderts erbaute, der Orgelprospekt ist barock.

Die **Lambertikirche**, die im Mittelpunkt des dritten Siedlungskerns, des Salzviertels, stand, musste 1861 wegen der durch den Salzabbau verursachten Bodensenkungen abgebro-

St. Michaelis, Außen-/Innenansicht mit Orgel (1708) u. Kanzel (1602).

oben links:
St. Michaelis,
Chor.
oben rechts: Häuser
nahe der St.-
Michaelis-Kirche.

After Bach left school in Ohrdruf in 1700 he travelled to Lüneburg, where he was admitted to the Michaelis-School, which was the Latinschool of the convent. He was a member of the Metten-choir, which supported the church services musically and also collected money for the poor. Being an adolescent, Bach's voice soon changed and so he probably became an instrumentalist during this period. It is not exactly known, who taught Bach in Lüneburg. After he had applied for the position of an organist in Sangerhausen without success he finally left Lüneburg in march of the year 1703 and went to Weimar.

St. Michaelis,
Gewölbe im Turm.

chen werden. Ein vierter Siedlungs-kern entstand um die Nikolaikirche, einer spätgotischen Backsteinbasilika, deren spätgotischer Innenraum durch seine strenge, klare Formen-sprache beeindruckt. Ihr Hochaltar, der Mitte des 15. Jahrhunderts von Hans Snitger geschaffene Lamberti-altar, stammt ursprünglich aus der abgebrochenen Lambertikirche.

Ein Wahrzeichen Lüneburgs ist das **Rathaus**, dessen markante 1720 ent-standene Barockfassade von fünf figu-renbesetzten Pfeilern gegliedert wird, die von einem Turm mit einem Glo-ckenspiel aus Meißener Porzellan be-krönt wird. Es birgt die 1328–31 ent-standene Gerichtslaube mit einer Re-naissance-Holztonnendecke, aus dem 15. Jahrhundert die alte Kanzlei, den Fürstensaal und die Bürgermeister-kammer. 1563 entstand die große Ratsstube im Renaissancestil.

Im von Backsteinbauten geprägten Stadtbild ist die Häuserzeile „Am Sande" bei der St. Johanniskirche mit goti-schen Häusern des 15. und 16. Jahr-hunderts besonders bemerkenswert.

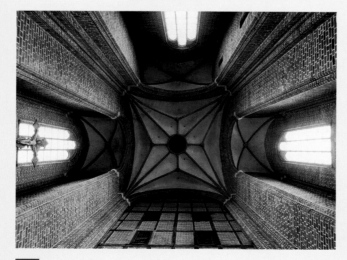

Mühlhausen

Nachdem der 22-jährige Bach bei einem Vorspielen im April 1707 in der St. Blasiuskirche in Mühlhausen den Stadtoberen sein Können gezeigt hatte, wurde er am 15. Juni 1707 zum Organisten dieser Kirche ernannt.

Bald sollte ein neuer Abschnitt seines Lebens beginnen: Am 17. Oktober 1707 heiratete er in Dornheim bei Arnstadt seine erste Frau Maria Barbara. Im Januar 1708 wurde zur Ratswahl in der Marienkirche Bachs die „Ratswahlkantate" feierlich aufgeführt. Sein Anfang 1708 geäußerter Vorschlag, die Orgel der St. Blasiuskirche zu verbessern, wurde vom Rat umgehend aufgegriffen. Schon im Juni 1708 bewarb sich Bach als Hoforganist und Kammermusiker nach Weimar, da er sich wohl auch erhoffte, dort regelmäßiger Kirchenmusik schreiben zu können, als ihm dies in Mühlhausen möglich war. Der Rat entließ Bach in bestem Einvernehmen, Nachfolger als Organist in der St. Blasiuskirche wurde sein Cousin Johann Friedrich Bach. Im Juni 1735 ist ein weiterer Aufenthalt Bachs überliefert, der zusammen mit seinem Sohn Johann Gottfried Bernhard die Orgel der St. Marienkirche

oben:
Holzstraße 12 mit Renaissance-Erdgeschoss und Fachwerk von 1650 sowie gotischem Spitzbogenportal zum Antoniusstift.
links: Blick vom Heimatmuseum in Richtung Blasiuskirche.

Zum Gartenhaus ausgestatteter Turm auf der Stadtmauer mit klassizistischer Ausstattung (Ende 18. Jahrhundert).

prüfte. Mitte Juni wurde Bachs Sohn nach bestandenem Probespiel zum Organisten der Marienkirche ernannt. Die **St. Blasiuskirche**, die Hauptkirche der Altstadt, ist eine dreischiffige Hallenkirche mit einer Zweiturmfassade. Der Deutschritterorden über-

nahm den Bau 1227. Der wuchtige Westbau wurde 1235 begonnen, der viergeschossige nördliche Turm ist noch spätromanisch, der bis 1260 vollendete dreigeschossige Südturm schon gotisch geprägt. Gleichzeitig mit dem Westbau entstand der zunächst platt geschlossene Chor. In den 1270er Jahren begann unter dem Komtur des Deutschritterordens, Kristian von Mühlhausen, die Errichtung des zunächst als Basilika geplanten Hallenlanghauses, die sich bis Mitte des 14. Jahrhunderts hinzog. Die Fassadengestaltung des Nordquerhauses mit einer großen Fensterrose orientiert sich an französischer Kathedralgotik. Chor und Vierung sind mit ei-

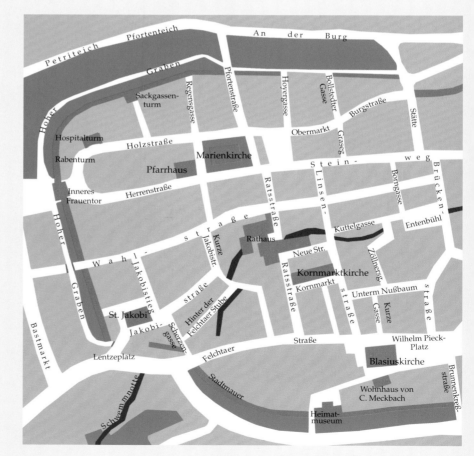

nem schmiedeeisernen Gitter von 1640 abgetrennt. An der Südwand des Chores ist der Grabstein des Kristian von Mühlhausen angebracht, der 1276 Bischof von Samland wurde und 1295 in Mühlhausen starb.

Die Orgel, für deren Verbesserung sich Bach verwendet hatte, ist seit 1821–23 durch einen Neubau von Johann Friedrich Schulze aus Paulinzella ersetzt. Die Firma Alexander Schuke aus Potsdam fertigte schließlich 1956–59 einen Neubau nach der originalen Disposition Bachs.

Neben dem Portal ist eine Erinnerungstafel an J. S. Bach angebracht, den berühmtesten Organisten dieser Kirche. Westlich der St. Blasiuskirche liegt der Johann-Sebastian-Bach-Platz. Die **St. Marienkirche**, die Pfarrkirche der Oberstadt, ist nach dem Erfurter Dom die zweitgrößte Kirche Thüringens. Sie geht auf eine romanische Basilika von 1190 zurück, von der sich der Nordturm und das Untergeschoss des Südturmes erhalten haben. 1243 übernahmen die Deutschordensritter die Kirche, die einen

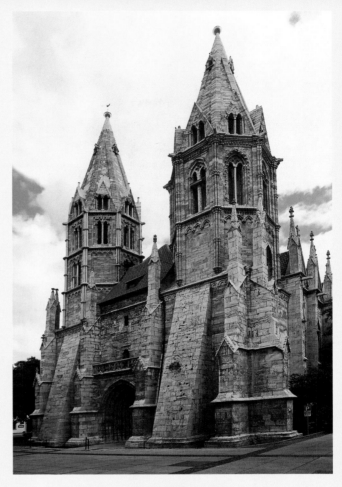

oben: Blasiuskirche, 13./14. Jahrhundert, in der Bach 1707/08 als Organist tätig war.

links: Antoniusstift, Ende 13. Jahrhundert.

oben links: Ehem. Franziskanerkirche mit dem Bauernkriegsmuseum.

oben rechts: St.-Jakobi-Kirche.

links: Pfarrhaus von St. Marien.

Info:
Mühlhausen Fremdenverkehrsamt
Ratsstraße 20
99974 Mühlhausen
Tel.: 03601/452335
Fax: 03601/452316

Marienkirche
Lindenbühl 61
99974 Mühlhausen
Tel.: 03601/870023
geöffnet:
täglich 10–17 Uhr

Evangelisches Kirchenspiel Mühlhausen
Gemeindebüro
Johann-Sebastian-Bach-Platz 4
99974 Mühlhausen
Tel. u. Fax:
03601/446516
Kirche geöffnet
10–17 Uhr

vollendete Dreiapsidenchor wird von der großen Hauptapside mit 5/8-Schluss dominiert, die von kleinen polygonalen Nebenapsiden flankiert werden. Im Chor sind gut erhaltene Glasmalereien des 14. und 15. Jahrhunderts zu sehen, die teilweise mit der Werkstatt der Erfurter Domfenster in Verbindung stehen.

Nicht vor 1360 entstand die Südquerhausfassade mit einem außergewöhnlichen Figurenprogramm. Über dem Portal mit Gewändefiguren aus dem 19. Jahrhundert befindet sich ein Altar, von dem sich vier steinerne Figuren herabbeugen, die Kaiser Karl IV. mit Gemahlin und Gefolge darstellen. Diese Statuen übernahmen quasi stellvertretend die Huldigung des Rates an den Kaiser, als Bildhauer werden Meister der Prager Parler-Werkstatt angenommen. Über diesen Figuren ist die Anbetung der Könige angebracht, über einem weiteren Balkon Christus als Weltenrichter. Der dominierende mittlere Westturm entstand 1898–1901.

Gegenüber der Westfassade liegt das **Pfarrhaus**, das der Reformator Thomas Münzer bewohnte, der 1525 Pfarrer der Marienkirche geworden

frühgotischen Bau errichten ließen. 1317 begann der Neubau einer eindrucksvollen fünfschiffigen, fünfjochigen Hallenkirche, das nicht ausladende östliche Querhaus ist nur durch die Vergrößerung der Jochweiten und durch die Strebepfeiler im Außenbau angegeben. Der bis 1327

After the 22 year-old Bach had proved his abilities to the mayor of Mühlhausen he became the organist of the St. Blasius church on the 15th of June in 1707. On the 17th of October he married his first wife Maria Barbara in Dornheim. Bach applied for the position as the organist of Weimar, probably because he hoped to be able to write church music regularly. Bach was permitted to head for Weimar and his successor became his cousin Johann Friedrich Bach. In June 1735 Bach repeatedly visited Mühlausen with his son Johann Gottfried Bernhard in order to check on the organ of the St. Marien Church. In the middle of June Bach's son was announced the organist of the St. Blasiuschurch.

Next to the portal a plate is fixed as a reminder of Bach, who was the most famous organist of this church. To the west of the church lies the Johann-Sebastian-Bach-Square.

war. Nach der Niederlage der aufständischen Bauern in der Schlacht von Mühlhausen wurde Münzer am 27. Mai 1525 hingerichtet.

Der Kern des **Rathaus**komplexes mit der Straßendurchfahrt, den Kaufhallen im Untergeschoss und Ratssaal, Kämmerei und Kanzlei im Obergeschoss an der Grenze zwischen Alt- und Neustadt entstand um 1300–1310, daran wurde 1340 ein westlicher Erweiterungsbau angeschlossen. Der um 1595 entstandene Südflügel birgt das Reichsstädtische Archiv mit wertvollen Archivalien, darunter das um 1200 verfasste Mühlhauser Rechtsbuch. Nord- und Westflügel sowie ein östlicher Anbau folgten Anfang des 17. Jahrhunderts. 1738 wurde nördlich an den gotischen Kern ein Fachwerkbau angeschlossen, der Brunnen im Hof entstand 1747.

Am Kornmarkt liegt die ehemalige **Franziskanerkirche**, deren langgestreckter Bau ab 1280 entstand und mehrfach umgebaut und erweitert wurde. Heute dient er als Bauernkriegsgedenkstätte.

Das von zahlreichen Fachwerkhäusern geprägte alte Stadtbild hat sich weitgehend erhalten, ebenso größere Teile der Stadtbefestigung.

St. Marien.
oben: Südportal.
unten: Inneres.

Naumburg

Info:
Tourist- und Tagungsservice Naumburg
Markt
06618 Naumburg
Tel.: 03445/201614
Fax: 03445/266017
www.naumburg-tourismus.de

Dom
täglich geöffnet
Nov.–Feb.: 9–16 Uhr
März/Okt.: 9–17 Uhr
April–Sep.: 9–18 Uhr
So u. kirchl. Feiertage
ab 12 Uhr
Tel.: 03445/230110
Fax: 03445/230120

Im September 1746 reiste Bach nach Naumburg, um zusammen mit Georg Silbermann, dem berühmten Orgelbauer, die neue Orgel der Wenzelskirche zu begutachten. Die alte Orgel von 1613–16 wurde um 1700 völlig umgebaut und erhielt bei dieser Gelegenheit den noch erhaltenen Orgelprospekt, der 1697–99 von Johann Johann Göricke geschaffen wurde. 1734 reparierte der Leipziger Orgelbauer Zacharias Hildebrandt die Orgel, schließlich erhielt er den Auftrag für einen völligen Neubau, der von 1743 bis 1746 dauerte. Bach und Silbermann trafen mit ihren Bediensteten am 24. September 1746 im Gasthaus „Zum Grünen Schilde" in Naumburg ein, wo sie auf Kosten des Rates bestens verköstigt wurden. Am 26. September kamen die beiden in das Naumburger Rathaus, am nächs-

In September of the year 1746 Bach travelled to Naumburg. There he and the famous organ-builder Georg Silbermann wanted to check on the new organ of the Wenzelchurch. The old organ from 1613 was totally rebuilt in 1700. Bach and Silbermann arrived in Naumburg on the 24th of September in 1746. In the restaurant „Zum Grünen Schilde" they had dinner. Two days later they went to the town hall and the day after they submitted their report concerning the organ. Two years later Bach contacted the council of Naumburg again. He wanted to recommend his son-in-law and former student Johann Christoph Altnickol to become the organist. Altnickol was probably already engaged with Bach's daughter Elisabeth Juliana Friederica (1726–1781) and they got married in Leipzig in January of 1749. In October of the same year their son was born and called Johann Sebastian but he died soon after.

oben: Marientor, um 1340/80, 1456–58, 1511, um 1600.

rechts: Blick vom Turm der Wenzelskirche auf den Marktplatz.

ten Tag konnten sie dort ihren Prüfungsbericht abgeben, in dem sie Hildebrandt eine ordentliche, vertragsgemäße Arbeit bescheinigten.

Zwei Jahre später trat Bach mit dem Naumburger Rat erneut in Verbindung, als er dort für die Besetzung der vakanten Organistenstelle seinen ehemaligen Schüler und zukünftigen Schwiegersohn, Johann Christoph Altnickol empfahl. Altnickol war damals wohl bereits mit Bachs Tochter Elisabeth Juliana Friederica (1726–1781) verlobt, im Januar 1749 heirateten die beiden in Leipzig. Ihr im Oktober 1749 geborener Sohn wurde in Naumburg auf den Namen Johann Sebastian getauft, starb jedoch bald darauf.

Das Gasthaus „Zum Grünen Schild" auf dem Grundstück Jakobstraße 31 existiert nicht mehr und wurde durch einen Nachfolgebau ersetzt.

Das **Rathaus** am Marktplatz, unweit der Wenzelskirche, entstand 1517–1528 unter Jobst Winckeller und Hans Witzleub unter Benutzung eines abgebrannten Vorgängerbaus.

Das Gründungsdatum der evangelischen **Stadtkirche St. Wenzel** ist nicht bekannt, sie wird erstmals 1228 urkundlich erwähnt. Nach dem Brand des Turmes 1411 wurde 1426 der Grundstein für einen Neubau gelegt. Ungewöhnlich für eine spätgotische Kirche ist der Einbau einer Krypta unter dem Chor. Nach der Fertigstellung der Ostteile und des Schiffs erlitt die Kirche 1473 durch einen Brand schwere Schäden. Nach der Weihe von 1511 ereignete sich 1517 erneut ein Brand, dessen Schäden bis 1523 beseitigt wurden. In den 1710er Jahren folgte der Einbau von steinernen Balkons, die ab 1724 geschaffene Barockausstattung wurde

Wenzelskirche, Ansicht vom Markt (oben) und Orgel (links).

Romanische Ägidienkurie am Dom.

unten und S. 101: Dom – eines der bedeutendsten Bauwerke des Mittelalters in Deutschland.

bei einer Restaurierung von 1891 teilweise beseitigt.

Der berühmte Naumburger **Dom** entstand nach der Verlegung des Bistums Zeitz nach Naumburg 1028. Von diesem ersten frühromanischen, 1042 geweihten Bau ist wenig erhalten. Um 1210 begann ein spätromanischer Neubau von Osten nach Westen, Chor, Quer- und Langhaus waren bis zur Weihe 1242 weitgehend vollendet. Ab etwa 1250 bis um 1270 schloss sich der gotische Westchor an, dessen Bauplastik des sogenannten „Naumburger Meisters" zu den Höhepunkten der mittelalterlichen Bildhauerkunst in Mitteleuropa gehört. Die minuziös gearbeiteten Laubkapitelle des Westlettners beeindrucken ebenso wie die Figurenreliefs und die Kreuzigungsgruppe durch ihre realitätsnahe Auffassung und intensiven Ausdruck. Noch berühmter sind die 12 Stifterfiguren des Westchores, die als weltliche Personen erstmalig in dieser Weise in einem Kircheninnenraum Platz fanden. Die individuelle und scheinbar portraithafte Ausarbeitung der menschlichen Figur ist für die damalige Kunst weit fortgeschritten, blieb jedoch ohne nähere Nachfolge.

Um 1270 bis gegen 1330 zog sich der Bau des gotischen Ostchores hin, erst mit der Fertigstellung des Südwestturmes im 19. Jahrhundert erhielt der Dom seine markante viertürmige Silhouette. Eine weitere Besonderheit waren die zwei Kreuzgänge des Domes, von dem sich nur der südliche erhalten hat, auf der Nordseite sind die Ansatzspuren noch sichtbar.

Ohrdruf

Info:
**Stadtverwaltung
Kulturverwaltung
Ohrdruf**
Marktplatz 1
99885 Ohrdruf
Tel.: 03624 / 330210
Fax: 03624 / 313634

Schloss Ehrenstein
Schlossplatz 1
99885 Ohrdruf
Tel.: 03624 / 402329
geöffnet:
So–Fr 9–12 u. 13–16
Uhr

Nach dem frühen Tod seiner Eltern zog der zehnjährige Bach im Februar oder März 1695 zu seinem älteren Bruder Johann Christoph nach Ohrdruf, der dort 1690 Organist an der Michaeliskirche geworden war. Hier begann Johann Sebastian Bachs musikalischer Werdegang, seine Ausbildung lag zunächst in der Hand seines Bruders Johann Christoph, der seinerseits ein Schüler des bedeutenden Orgelmeisters Johann Pachelbel in Erfurt war. Johann Sebastian erlernte bei ihm Trompete, Bratsche, Violine und das Klavierspiel und zeigte zielstrebiges Interesse an der Musik, indem er gegen den Willen seines großen Bruders monatelang heimlich nachts einen Band Klavierwerke abschrieb. Wie die Anekdote berichtet, wurden die mühsam abgeschriebenen Noten von seinem Bruder eingezogen, nachdem die Sache aufgeflogen war. Hierbei handelte es sich wohl eher um einen kleinen Bru-

Rathaus (Markt 1), nach dem Stadtbrand 1808 unter Verwendung des Renaissancekellergeschosses (1546) erbaut.

After the early death of his parents in 1695 the only 10-year-old Bach moved in with his brother Johann Christoph, who lived in Ohrdruf. Johann Christoph had been the organist of Ohrdruf since 1690. In Ohrdruf Bachs musical career began and Bach's education was his brother's duty. Christoph himself was a student of the renowned organist Johann Pachelbel in Erfurt. From his brother Bach learned to play trumpet, viola, violin and piano. Johann Sebastian was sent to a monastic school where he learned, among other things, Latin, religion and music. He turned out to be a very good student and sang in the school's choir. In March of 1700 he suddenly quit school and travelled shortly before his 15th birthday to Lüneburg.

Because of the destructions that took place in World War II very less places of Bach's activity are preserved. Castle Ehrenstein still exists, in which Bach had a performance with his school-choir. Today one room in the castle is dedicated to Bach, where remains from his time in school can be visited.

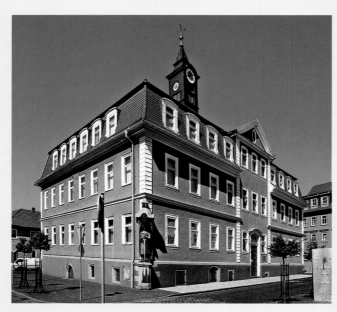

Schloss Ehrenstein, großzügige Vierflügel- anlage der 2. Hälfte des 16. Jahrhunderts mit dem Heimat- museum, das auch eine Bach-Abteilung besitzt. Im Schloss war Bach als Mitglied des Schulchores aufge- treten.

derzwist, denn Johann Christoph hat viel für die Ausbildung von Johann Sebastian getan und ihm wichtige musikalische Grundlagen vermittelt. Johann Sebastian wurde in die Klosterschule geschickt, wo er neben anderen Fächern vor allem Latein, Religion und Musik belegte und sich durch gute Leistungen hervortat. Als Schüler sang Bach im dortigen Mettenchor. Im März 1700 brach er dann plötzlich die Schule ab, vermutlich weil dort keine Plätze mehr frei waren und wanderte kurz vor seinem 15. Geburtstag nach Lüneburg.

103

*oben und rechts:
Das Wohnhaus
Johann Christoph
Bachs, dem Bruder
von Johann Sebas-
tian, in der Johann-
Sebastian-Bach-
Straße ist infolge der
Stadtbrände von
1753 bzw. 1808
nicht erhalten.
Eine Inschrift kenn-
zeichnet die Lage des
ehem. Gebäudes.*

*oben rechts und
unten: Turm
(15. Jahrhundert,
im 18. Jahrhundert
barock überformt
und mit Helm verse-
hen) der ehemaligen
Michaeliskirche.
Hier war von 1690
bis zu seinem Tod
1721 Johann
Christoph Bach
als Organist tätig.*

Von den Wirkungsstätten Bachs in
seinen Jugendjahren ist in Ohrdruf
wenig im Original erhalten.

Das Wohnhaus seines Bruders Johann Christoph wurde durch Brände
vernichtet, von der **Michaeliskirche**
ist nach einem allierten Bombenangriff im Zweiten Weltkrieg nur der
Turm stehengeblieben. Erhalten ist
Schloss Ehrenstein, in dem Bach als
Mitglied des Schulchores aufgetreten
war, wo ein Saal zu seiner Erinne-
rung eingerichtet wurde. Hier sind
die Matrikel aus Bachs Schulzeit aus-
gestellt, eine 1874 von Aurelio Miche-
li geschaffene Büste und Gedenktafeln erinnern an Bach.

Pomßen

Im Februar 1727 kam Bach in das südöstlich von Leipzig gelegene Pomßen, um zur Trauerfeier für den königlichen Kammerherrn Johann Christoph von Ponickau eine Kantate aufzuführen.

Die wohl aus dem 13. Jahrhundert stammende, spätromanische Wehrkirche wird von einem mächtigen Westriegel beherrscht, die halbrunden Ostapsiden und romanische Ka-

pitelle sind trotz späterer Veränderungen erkennbar geblieben. Die Kirche birgt die älteste Orgel Sachsens. Sie wurde 1670/71 aus einem älteren Instrument aus dem späten 16. Jahrhundert von Orgelbauer Richter aus Döbeln um- und eingebaut.

Info:
Evangelisch-Lutherisches Pfarramt Pomßen
Hauptstraße 31
04668 Pomßen
Tel.: 034293/29526

In February 1727 Bach came to Pomßen to perform on an obsequies. This took place in the romanic fortified church that was probably built in the 13th century. Here stands the oldest organ of Saxony.

Pfarrkirche in Pomßen

Potsdam

Es ist nicht auszuschließen, dass Bach schon 1741 während eines Berlin-Besuchs einen Abstecher nach Potsdam zu seinem Sohn Carl Philipp Emanuel unternommen hatte, der dort als Musiker der Hofkapelle wirkte. Sein bekanntester Besuch fand am 7./8. Mai 1747 statt, bei dem er – wohl durch seinen Sohn Carl Philipp Emanuel vermittelt – mit König Friedrich II. (dem Großen) von Preußen zusammentraf. Der kunstsinnige König spielte selbst Flöte und ist als Komponist zahlreicher Konzerte und Sonaten bekannt. Bei dem Empfang, der vermutlich im Potsdamer Stadtschloss stattfand, gab König Friedrich ein Thema zu einer Fuge auf

Das Neue Palais (1763–69) von Johann Gottfried Büring und Carl von Gontard ist ein mächtiger Bau von etwa 250 m Länge im Westen der Parkanlage von Sanssouci. Das prunkvolle Innere umfaßt mehr als 200 Repräsentations- und Wohnräume.

dem Klavier vor, das Bach weiterspielen sollte. Der mit seiner Improvisation wohl nicht völlig zufriedene Perfektionist Bach beschloss daraufhin, das „königliche" Thema zu einer Fuge auszuarbeiten und veröffentlichte es, zu einem ganzen Zyklus ausgebaut, schon im Juli 1747 als sein „Musicalisches Opfer Sr. Königlichen Majestät in Preußen etc. alleruntertthänigst gewidmet von Johann Sebastian Bach."

Bach spielte bei diesem Besuch auf weiteren Orgeln in Potsdam, in der 1728 vollendeten Heiliggeistkirche, die 1945 zerstört wurde. Auch im 1735 fertiggestellten barocken Neubau der Garnisonkirche hatte Bach

gespielt, dieser Bau fiel ebenso dem Zweiten Weltkrieg zum Opfer. Nur der Turm hatte überlebt, er wurde 1968 auf Betreiben des DDR-Regimes als angebliches Relikt des „preußischen Militarismus" kurzerhand gesprengt.

Vom Bau der **Nikolaikirche**, in der Bach wohl auch gespielt hatte, ist ebenfalls nichts mehr erhalten. Die Kirche der Bach-Zeit war schon 1795 abgebrannt, an ihrer Stelle schuf Karl Friedrich Schinkel den 1830–37 errichteten klassizistischen Bau, der erst 1843–49 die Kuppel erhielt. Nach schweren Kriegsschäden wurde diese Kirche bis 1960 wiederhergestellt.

Die Ruine des im Zweiten Weltkrieg schwerbeschädigten, der DDR missliebigen Stadtschlosses wurde 1959–61 abgetragen und eine Straße darübergebaut.

Auch wenn heute die historischen Gebäude zerstört sind, die mit Bach unmittelbar in Verbindung stehen, so haben sich in Potsdam eine Fülle von erstrangigen Zeugnissen seiner Zeit erhalten. An erster Stelle ist hier das Schloss Friedrich des Großen, **Sanssouci** zu nennen, das 1745–47 von G. W. von Knobelsdorff erbaut wurde und am 1. Mai, eine Woche vor Bachs Besuch, eingeweiht wurde. So ist es auch denkbar, dass Bach hier und nicht im Stadtschloss den Preußenkönig traf. Sanssouci ist mit dem plastischen Schmuck seiner Gartenfront und der reichen Innenausstattung ein Hauptwerk des deutschen Rokoko, auf seiner Gartenterrasse ist seit 1991 Friedrich der Große bestattet. Östlich schließt sich die Bildergalerie an, westlich die Neuen Kammern, 1747 als Orangerie erbaut. Die nach Plänen von Knobelsdorff entworfene großartige **Parkanlage** wurde im 19. Jahrhundert verändert, die Westseite des Parks wird von der 1763 begonnenen Dreiflügelanlage des **Neuen Palais** beherrscht. Zu den bekanntesten Architekturen des Schlossparkes

Das Schloß Sanssouci (1745–47) von Georg Wenzeslaus von Knobelsdorff ist der bedeutendste erhaltene Bau des friderizianischen Rokoko. Friedrich der Große ließ die Sommerresidenz als Krönung eines umfangreichen Obstgartens mit Weinbergterrassen unterhalb der Schloßterrasse errichten. Sein Wunsch, neben dem Schloß begraben zu werden, erfüllte sich erst 1991.

Info:
PT Potsdam Tourismus GmbH
Am Neuen Markt 1
14467 Potsdam
Tel.: 0331/27558-0
Fax: 0331/27558-79
www.potsdam.de
www.potsdamtourismus.de

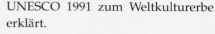

oben: Das Chinesische Teehaus (1746–50) von Knobelsdorff steht in der mit zahlreichen Gebäuden und Statuengruppen aufwendig ausgestalteten Parkanlage von Sanssouci.

unten: Nikolaikirche, 1830–37 durch Persius nach Entwurf Schinkels erbaut.

UNESCO 1991 zum Weltkulturerbe erklärt.

Trotz der Zerstörung sind etliche Bauten gerade des 18. Jahrhunderts im Stadtbild von Potsdam erhalten oder rekonstruiert. Hierzu gehören etwa das 1737–42 entstandene Holländische Viertel, die französische Kirche (1751/52), das Rathaus (1753–55), das Ständehaus (1770) oder das Brandenburger Tor (1770).

gehören das **chinesische Teehaus** (1754–56), ein Antikentempel (1768/69), der Freundschaftstempel (1768–70) und das Drachenhaus (1770). 1843–54 entstand die romanisierende Friedenskirche, 1851–60 die Orangerie von L. Persius und E. A. Stühler. Nördlich von Sanssouci liegt der Ruinenberg mit künstlichen Ruinen, südwestlich im Schlosspark Schloss Charlottenhof. Schlösser und Gärten von Potsdam wurden von der

It can be assumed that Bach paid a short visit to Potsdam and his son Carl Philipp Emanuel while on his way to Berlin in 1741. His most famous visit took place in May 1747 where he met King Friedrich II. the Great of Prussia. The meeting probably took place in the castle of the city and there the King played the beginning of a fugue on the piano and Bach was supposed to finish it. Bach was not completely satisfied with his part and so he worked it over and published the fugue in July of 1747.

Even if the buildings, which are connected to Bach, are now destroyed, a lot of great evidence of his time is still preserved in Potsdam. One is the castle of Friedrich the Great, called Sanssouci, which was built by G. W. Knobelsdorff in the years between 1745–47. It was consecrated on the 1st of May, one week before Bach's visit. So it can be assumed, that Bach met the king of Prussia here and not in the castle.

Sanssouci is one of the main examples of German rokoko, on the terrace of the garden Friedrich the Great lies buried since 1991.

Sangerhausen

Im Jahr 1702 hatte sich der erst siebzehnjährige Bach um die freigewordene Organistenstelle der Jakobikirche in Sangerhausen beworben, nachdem der bisherige Organist Gottfried Christoph Gräffenhayn verstorben war. Der Bürgermeister und der Rat waren für die Anstellung Bachs und hatten ihm möglicherweise sogar empfohlen, sich für die Stelle zu bewerben. Herzog Johann Georg von Sachsen-Weißenfels machte ihnen jedoch einen Strich durch die Rechnung, da er seinen Wunschkandidaten Johann Augustin Kobelius, ein Mitglied seiner Hofkapelle, durchsetzte. Ob Bach zu einem Probespielen oder für seine Bewerbung nach Sangerhausen gekommen war, ist nicht belegt, aber anzunehmen.

Als 1736 die vakante Organistenstelle an der Jakobikirche erneut besetzt werden musste, empfahl Bach seinen Sohn Johann Gottfried Bernhard (1715–1739) für die Stelle, für die er sich einst selbst vergeblich beworben hatte. Bach nutzte nun seine Beziehungen zum Sangerhauser Kaufmann Johann Jakob Klemm, dessen Sohn Bürgermeister war und sich für Bachs Sohn einsetzen konnte. Johann Gottfried Bernhard erhielt die Stelle und wurde im April 1737 zum Orga-

Info:
Sangerhausen
Evangelisches
Pfarramt der
Jacobikirche
Sangerhausen
Tel.: 03464/570334
Fax: 03464/579654

*Jakobikirche,
dreischiffige,
spätgotische
Hallenkirche.
Hier bewarb sich
Bach 1702 um die
Organistenstelle.*

nisten berufen. Aus diesem Anlass reiste Johann Sebastian Bach erneut nach Sangerhausen. Bachs Sohn hielt es nicht lange in Sangerhausen, schon 1738 gab er die Stelle auf und verschwand mit unbekanntem Ziel. Anfang 1739 wurde er an der Universität von Jena immatrikuliert und starb bald darauf.

Die am reizvollen Marktplatz gelegene **Jakobikirche** ist eine spätgotische, dreischiffige Hallenkirche mit einem mächtigen Westturm mit barocker Spitze. Sie ersetzte ab 1457 einen romanischen Vorgängerbau. Nur der 1495–1502 erneuerte oder veränderte Chor erhielt eine Einwölbung, die geplanten Gewölbe des Langhauses wurden nie eingebaut. Um 1665 kam

es zu einer Neugestaltung des Inneren. Nach einem Brand des Dachstuhls 1971 folgte die Wiederherstellung 1973–78, bei der die barocke Ausmalung des Langhauses freigelegt wurde. Im Mittelpunkt der reichen Ausstattung steht der um 1400 entstandene große Schnitzaltar, der wie das Chorgestühl aus dem 1552 abgebrochenen Augustiner-Eremitenkloster stammt. Im Chorraum fanden zahlreiche Grabmäler und Epitaphien vor allem des 16.–18. Jahrhundert Platz.

Die vor allem im Inneren eindrucksvolle romanische **St. Ulrichskirche** ist eine dreischiffige Pfeilerbasilika mit ausladenden Querhäusern und Vierungsturm. Der nicht sicher da-

Jakobikirche und Fachwerkbebauung.

In the year 1702 17-year-old Bach applied for the position as the organist in Jakobichurch in Sangerhausen. The mayor and the council of Sangerapproved of Bach and probably even recommended him to apply for the job. But Duke Johann Georg of Sachsen-Weißenfels did not approve of Bach and so a member of the duke's court-chapel, Augustin Kobelius, became the new organist.

In 1736 the position was vacant again and so Bach recommended his son Johann Gottfried Bernhard (1715–1739), who became the organist in April 1737. For this reason Bach travelled again to Sangerhausen. His son did not stay for a long time in Sangerhausen. In 1738 he quit his job as an organist and disappeared. At the beginning of 1739 matriculated at the University of Jena and died soon after.

oben: Marktplatz mit Renaissancegebäuden und spätgotischem Rathaus von 1431–37.

links: Wohnhaus von Johann Jakob Klemm am Kernmarkt. Klemm und Bach waren miteinander befreundet.

unten: St. Ulrich.

tierte Bau entstand wohl Anfang des 12. Jahrhunderts, möglicherweise unter französischem Einfluss. Ungewöhnlich sind die engen und steilen Proportionen des sehr langgestreckten Mittelschiffs und die seitlich an die Vierung anschließenden Tonnengewölbe. Die beiden westlichsten Joche ohne Seitenschiff dienten einst als Nonnenempore. 1892/92 wurde die Ausstattung weitgehend entfernt, dadurch bietet der Innenraum trotz einer Reihe von Erneuerungen und kleinerer Veränderungen den Eindruck einer rein romanischen Architektur. Im nördlichen Querhaus ist der Rest einer stuckierten Chorschranke aus dem späten 12. Jahrhundert eingelassen.

Störmthal

Info:
Pfarramt Störmthal
Dorfstraße 48
04445 Störmthal
Tel.: 034297 / 48250
Fax: 034297 / 48361

Im Jahr 1723 kam Bach nach Störmthal, etwa 10 km südöstlich von Leipzig gelegen, um dort die neue Orgel der neugebauten Kreuzkirche abzunehmen. Sie war ein Werk des Orgelbaumeisters Zacharias Hildebrandt, der bei Georg Silbermann in die Lehre gegangen war und als Geselle gearbeitet hatte. Die heutige Störmthaler Kirche ersetzte einen oder mehrere bis in die Romanik reichende, unbekannte Vorgängerbauten. Der eher schlichte Außenbau wird von einem mächtigen Dach beherrscht, in das der Westturm mit welscher Haube

integriert ist. Der flachgedeckte Kirchenraum hat eine einheitliche Ausstattung, die Orgel und Emporen bis hin zum Kanzelaltar umfasst, das einzige ältere Ausstattungsstück ist ein Kruzifix vom Anfang des 16. Jahrhunderts.

In 1723 Bach came to Störmthal to examine the organ of the newly built Kreuz Church. The organ was a work of Zacharias Hildebrandt, who had been an apprentice of Georg Silbermann.

Wechmar

Wechmar, wenige Kilometer südöstlich von Gotha gelegen, gilt als der Ort, aus dem die Musikerfamilie der Bachs stammt. Ob sich Johann Sebastian Bach hier aufhielt, ist zwar nicht überliefert, jedoch sehr wahrscheinlich. Die Familienchronik der Bachs mit dem Titel „Ursprung der Musicalisch-Bachischen Familie" wurde vermutlich von Johann Sebastian Bach selbst begonnen und von seinem Sohn Carl Philipp Emanuel weitergeführt. Sie geht zurück bis auf Bachs Ururgroßvater, den Bäcker Veit Bach, der im 16. Jahrhundert wegen seiner protestantischen Konfession seine Heimat „Ungern" verlassen musste und sich daraufhin in Wechmar niedergelassen hatte. Bei der Bezeichnung „Ungern" handelt es sich nach neuen Erkenntnissen in Wechmar nicht um das Land „Ungarn", sondern um den Ort „Ungern" in Böhmen.

Wie die Chronik berichtet, lag schon ihm die Musik im Blut: „Er hat sein meistes Vergnügen an einem Cythringen gehabt, welches er auch mit in die Mühle genommen und unter währendem Mahlen darauf gespielet. Es muss doch hübsch zusammen

Info:
**Stammhaus
Wechmar**
Bachstraße 4
99869 Günthersleben-Wechmar
Tel. u. Fax:
036256/22680

Bachstraße 4, ehemaliges Oberbackhaus, seit 1994 Museum.

Bach-Stammhaus am Markt (Bachstraße 4), Fachwerkbau von 1618 mit Gedenktafel von 1929.
Hier sind ein Museum mit einer Sammlung zur Geschichte der Musikerfamilie und ein Archiv untergebracht.

geklungen haben! Wiewol er doch dabei den Tact sich hat imprimeren lernen. Und dieses ist gleichsam der Anfang zur Musik bey seinen Nachkommen gewesen."

Erst Bachs Großvater Christoph hatte Wechmar in Richtung Arnstadt und Erfurt verlassen. In Erfurt kam Bachs Vater Johann Ambrosius auf die Welt, der dann in Eisenach eine Anstellung erhielt.

Das Gebäude **Bachstraße 4** ist das Bach-Stammhaus, das seit 1994 eine Bachgedenkstätte beherbergt. Das zweigeschossige Fachwerkhaus mit

Leiterfachwerk in der Brüstung wurde 1618 erbaut.

Die **Obermühle** in der Mühlenstraße, auch „Veit-Bach-Mühle" genannt, gehörte früher Veit Bach, der sie dann seinem Sohn Johannes vererbte. Das Fachwerkgebäude besitzt eine Bohlenstube von 1585, die 2000–03 wiederhergestellt wurde. Die Mühle wird als Museumsbildungswerk, besonders für Kinder und Jugendliche, genutzt.

Die **evangelische Pfarrkirche** ersetzte einen auf das Spätmittelalter zurückgehenden Vorgängerbau. Der 1842/43 im Rundbogenstil mit neoromanischen Bauelementen errichtete Bau über achteckigem Grundriss mit dem markanten 68 m hohen Turm ist der größte Zentralbau in Thüringen. Die Kirche wurde 1843 von dem Superintendenten Ernst Carl Bach eingeweiht.

Wechmar is said to be the place, from where Bach's family descended. If Johann Sebastian Bach ever stayed here is not known. The chronicle of the Bach familiy was probably begun by Johann Sebastain Bach himself and continued by his son Carl Philipp Emanuel. The chronicle begins with Bach's great-great-grandfather, the baker Veit Bach. He was a protestant and because of that he had to leave his home-town Ungern in Bohemia. He came to Wechmar and stayed here. As the chronicle reports he was a musical man, too. It is said that he even took an instrument to the mill and played to the rhythm of the mill-stone. This is supposed to be the beginning of the musical era that his descendants created. Bach's grandfather Christoph was the first one to leave Wechmar. He headed for Arnstadt and Erfurt. In Erfurt Bach's father Johann Ambrosius was born, who then worked in Eisenach.

In the Bachstreet No 4 a baker-house with a museum can be seen. The house is a simple framework-building and descends from 1618.

The mill in the Millstreet is called Bach-mill and originally belonged to Veit Bach. His son Johannes inherited it after Veit's death.

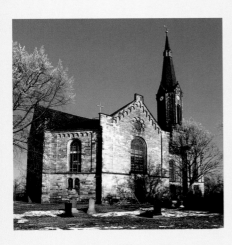

Ev. Pfarrkirche, 1842/43 nach Plänen von Kuhn im Rundbogenstil erbaut.

links und oben: Obermühle (Veit-Bach-Mühle), im Kern von 1585 (Bohlenstube) dient als Museumsbildungswerk.

Weimar

In der Residenzstadt Weimar war Bach zweimal als Musiker angestellt. Seine erste Anstellung 1703 dauerte nur wenige Monate. Sie erfolgte, nachdem sich Bach von Lüneburg aus in Sangerhausen erfolglos als Organist beworben hatte. Zu welchem Zeitpunkt er nach Weimar kam, ist nicht bekannt. Sein Aufenthalt ist erst ab März 1703 aktenkundig. Bach diente unter Herzog Johann Ernst als Hofmusiker, vermutlich als Violinist, möglicherweise auch als Hoforganist. Im August 1703 trat Bach dann die Organistenstelle in Arnstadt an.

Seine zweite und bedeutendere Anstellung erhielt Bach als Hoforganist

Schloss Belvedere südwestlich der Altstadt von Weimar, eines der über 15 Lust- und Jagdschlösser, die Herzog Ernst August von Sachsen-Weimar und -Eisenach (1688–1748) gänzlich neu errichten ließ.

und Kammermusiker von 1708 bis 1717 unter Herzog Wilhelm Ernst von Sachsen-Weimar (1662–1728), dem älteren Bruder seines früheren Dienstherren Johann Ernst. Nachdem 1709 Herzog Ernst August Mitregent geworden war, begannen ständige Machtkämpfe mit Wilhelm Ernst, die den Hofstaat, damit auch die Hofmusiker, sicherlich nicht unberührt ließen.

Im März 1714 stieg Bach zum Konzertmeister auf. Zu seinen Verpflichtungen gehörte die monatliche Komposition einer Kantate. Nachdem der Weimarer Hofkapellmeister Johann Samuel Drese 1716 verstarb, wurde

dessen Sohn Johann Wilhelm Drese sein Nachfolger. So war für Bach die Möglichkeit Hofkapellmeister zu werden bis auf weiteres verbaut.

In der Weimarer Zeit waren beim Ehepaar Bach sechs Kinder auf die Welt gekommen, die versorgt werden mussten. So waren vermutlich die fehlenden Aufstiegsmöglichkeiten und wohl auch wirtschaftliche Gründe für Bach ausschlaggebend, sich andernorts zu bewerben.

Anfang August 1717 hatte Bach die Stelle eines Hofkapellmeisters in Köthen angenommen, sein bisheriger Dienstherr Herzog Wilhelm Ernst wollte Bach jedoch nicht ziehen lassen. Der Streit eskalierte derart, dass er Bach am 6. November arrestieren ließ. Erst am 2. Dezember kam Bach

frei und wurde aus den Weimarer Diensten „mit angezeigter Ungnade" entlassen. Bach begab sich sofort nach Köthen, wo er am 10. Dezember endlich seine neue Stelle antreten konnte.

In seiner Weimarer Zeit standen neben Kantaten die Orgelkompositionen im Vordergrund, hier entstanden Werke wie die Passacaglia in c-Moll oder sein „Orgelbüchlein".

Während seiner Anstellung 1703 diente Bach im „Roten Schloss" als Hofmusiker. Das am Platz der Demokratie gelegene „Rote Schloss" wurde von 1574–76 in Renaissanceformen errichtet, heute dient es dem Magistrat. Schräg gegenüber ist in Richtung Marktplatz, neben dem Hotel „Zum Elephanten", an einer Mau-

Das Schloss vereinigt Gebäudeteil aus verschiedenen Jahrhunderten: So stammt der Turm im Kern aus dem 11. Jahrhundert und erhielt 1729/32 von G. H. Krone eine barocke Haube. Der Torbau im Stil der Renaissance war um 1540 vollendet, der neobarocke Südbau stammt erst von 1912/13.

er eine Gedenktafel angebracht, die an das ehemalige Wohnhaus von Bach erinnert und an seine Söhne Friedemann und Carl Philipp Emanuel, die hier das Licht der Welt erblickten und ihrerseits bekannte Komponisten wurden.

Vom **Stadtschloss**, in dem Bach von 1708–1717 wirkte, sind nur noch wenige Gebäudeteile erhalten. Der markante mittelalterliche Schlossturm mit seiner 1730 erbauten barocken Spitze und die anschließende „Bastille" (Torbau) in Renaissanceformen sind die einzigen Überreste von Schloss Wilhelmsburg, das 1774 ab-

brannte. Auch die Schlosskapelle „Weg zur Himmelsburg", in der Bach seine Orgelmusiken und Kantaten aufführte, wurde zerstört. Das heutige Schloss entstand unter Einbeziehung der alten Umfassungsmauern von 1789–1803 unter Mitwirkung Johann Wolfgang von Goethes durch die Architekten Johann August Arens, Nikolaus Friedrich Thouret und Heinrich Genz in klassizistischer Formensprache.

In der **Stadtkirche St. Peter und Paul**, der heutigen **Herderkirche**, wurden die in Weimar geborenen Kinder der Bachs getauft. Zudem

Jakobskirche. Bach nahm am 6. November 1713 mit der Hofkapelle an der Einweihung der neu erbauten Kirche teil. Der mittelalterliche Vorgängerbau war 1712 abgetragen worden und wurde durch den heutigen Rechteckbau mit eingezogenem Chor und einem mächtigem Westturm ersetzt. Architekt war Oberlandbaumeister Christian Richter.

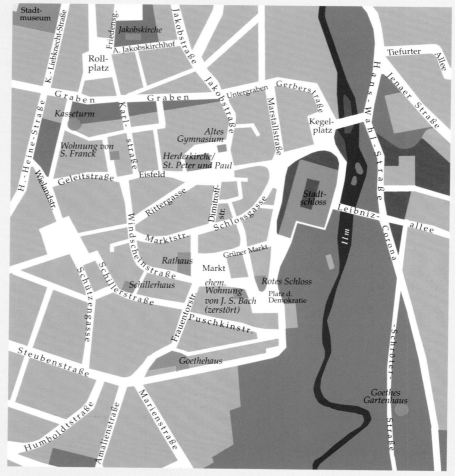

*Kasseturm,
Rest der
mittelalter-
lichen Stadt-
befestigung.*

war Bach mit dem Organisten Johann Gottfried Walter verwandt und freundschaftlich verbunden und dürfte hier auch gelegentlich Orgel gespielt haben. Die Kirche wird nach Johann Gottfried Herder, der hier von 1776–1803 als Generalsuperindendent tätig war und hier bestattet wurde, „Herderkirche" genannt. Die heutige spätgotische, dreischiffige Hallenkirche (1498–1500) mit Westturm wurde im 18. Jahrhundert mit Emporen versehen und barock überformt. Nach schweren Schäden im Zweiten Weltkrieg folgte die Wiederherstellung von 1950–53, eine umfassende Restaurierung konnte 1975 beendet werden. Ihr herausragendes Ausstattungsstück ist der 1552 be-

In the capital Weimar Bach had twice a position as a musician. His first employment in 1703 only took a couple of months. It was after Bach had applied in Sangerhausen without success. When he specifically arrived in Weimar is not known, his visit is recorded for the first time in March of 1703. He served under duke Johann Ernst as a musician. He probably played the violin, but he could have served as an organist, too. In August of 1703 Bach went to Arnstadt to become the organist. His second and meaningful employment took place in the years between 1708 until 1717. In this period he served as the organist of the court and as a chamber-musician under duke Wilhelm Ernst of Saxon-Weimar (1662–1728), who was the elder brother of his former employer.

oben: Altes Gymnasium, 1712–15.
unten: Rotes Schloss, 1574/76 als Witwensitz der Herzogin Doro-
thea Susanna erbaut. J. S. Bach gehörte 1703 als Kammermusiker
zum Haushalt Herzog Johann Ernst, der im Roten Schloss residierte.

gonnene Cranach-Altar, der nach dem Tod von Lukas Cranach d. Ä. von seinem Sohn oder seiner Werkstatt vollendet wurde. Das theologisch und kunstgeschichtlich interessante Tryptichon zeigt in der Mitteltafel eine Kreuzigung, in den Seitentafeln Stifter. Der sogenannte Lutherschrein stellt Luther als Mönch, Junker Jörg und Magister dar. In der nördlichen Seitenkapelle steht der spätgotische Taufstein, an dem die Kinder der Bach-Familie getauft wurden. Im Chor befindet sich eine Reihe von Fürstengrabmälern, vor allem aus der Renaissancezeit.

Die **St. Jakobskirche**, von 1530–1818 die Weimarer Friedhofskirche, ist ebenfalls mit Bach verbunden. Ihr baufälliger Vorgängerbau musste 1713 einem Neubau weichen. An der Prozession zur Einweihung nahm die Hofkapelle teil, der Bach angehörte. Der Westturm des einschiffi-

gen Saalbaus bietet Aussicht über Weimar. In der Sakristei der St. Jakobskirche wurden 1806 Johann Wolfgang Goethe und Christiane Vulpius getraut, die auch auf dem Jakobsfriedhof bestattet ist. Auch Lukas Cranach d. Ä. fand hier seine letzte Ruhestätte. Im sogenannten Kassengewölbe ist ebenso Friedrich Schiller bestattet.

Die weitreichende Bedeutung als Stadt der Literatur, Kunst und Politik erhielt Weimar vor allem im 19. und früheren 20. Jahrhundert. Weimar ist die Stadt der deutschen Literaturklassiker schlechthin. Sie ist verbunden mit Namen wie Christoph Martin Wieland, Johann Gottfried Herder, Friedrich Schiller und vor allem dem Literaten und Universalgelehrten Johann Wolfgang von Goethe, der von 1775 bis zu seinem Tod 1832 in Weimar lebte, die Stadt mitprägte und zu einem geistigen Zentrum mit europaweiter Ausstrahlung machte. Goethe lebte zunächst im **Garten-**

Herderkirche/ St. Peter und Paul, Taufkirche von sechs Kindern Johann Sebastian Bachs, bedeutendster Kirchenbau Weimars.

Spätbarockes Schillerhaus von 1777 in der Windischenstraße. Schiller erwarb das Gebäude 1802 als Wohnsitz, seit 1847 ist es Schillermuseum.

Info:
Tourist-Information Weimar
Markt 10
99423 Weimar
Tel.: 03643/24000
Fax: 03643/240040

haus im Ilmpark, dann in seinem Wohnhaus am Frauenplan, heute das **Gothehaus** und Goethemuseum. Eine weitere Gedenkstätte von Rang ist das **Haus Schillers** in der Schillerstraße, der von 1799 bis zu seinem Tod 1705 in Weimar lebte. Lange nach der Zeit Bachs wirkten die Komponisten Franz Liszt und Richard Strauss in Weimar.

Aus der **Hochschule für Architektur und Bauwesen** entwickelte sich die berühmte Schule des „Bauhaus", das von 1919–1925 in Weimar blieb und dann nach Dessau verlegt wurde. In der Geschichte des 20. Jahrhunderts bekam Weimar eine politisch wichtige Rolle, als hier 1919 die Nationalversammlung die Verfassung der gescheiterten „Weimarer Republik" beschloss, an die Zeit der nachfolgenden NS-Diktatur erinnern heute das Gauforum und die **KZ-Gedenkstätte Buchenwald**.

In der Kirche **St. Ursula, im** südöstlich etwas außerhalb gelegenen **Weimarer Ortsteil Taubach**, hatte Bach 1710 die Orgel zu prüfen. Taubach ist ein ehemaliges Weimarer Amtsdorf. Ein erster Kirchenbau entstand wohl Mitte des 15. Jahrhunderts, von dem der ehemalige Chorturm erhalten ist. Nach Zerstörungen im Dreißigjährigen Krieg konnte nach notdürftigen Reparaturen erst 1704/05 ein Neubau erstellt werden. 1709 erhielt Heinrich Trebs den Auftrag, für Taubach eine neue Orgel zu bauen, die Bach schließlich am 26. Oktober 1710 abnahm. Nachdem der barocke Bau schadhaft geworden war, kam es 1848/49 zu einem Neubau im neuromanischen Stil nach Plänen von Clemens Wenzeslaus Coudray, der bereits 1820 geplant worden war. Der steinsichtige Saal mit einer hölzernen Flachdecke endet in einer östlichen Apsis.

Stadthaus und
Cranachhäuser
am Markt.
In unmittelbarer
Nähe liegt das
Grundstück
Markt 16, die
ehemalige Woh-
nung von Johann
Sebastian Bach.
Das Gebäude
wurde im
Zweiten Welt-
krieg zerstört.
Eine Gedenktafel
verweist auf
J. S. Bach.

In March of 1714 Bach became the leader of the orchestra, and one of his duties was to compose a cantata every month. After the leader of the court musicians Johann Samuel Drese died in 1716 his son Johann Wilhelm Drese inherited his position and so Bach's chance to become the leader of the court musicians was cut off.

During their time in Weimar six children had been born in the Bach family, and they had to be taken care of. As Bach didn't see any chance to promote whatsoever he applied for a job in another city.

In August of the year 1717 Bach had taken the position as the leader of the court musicians in Köthen, but his employer duke Wilhelm Ernst didn't want to let Bach go. The fight eskalated with the consequence, that Bach was arrested on the 6th of November. Bach was freed on the 2nd of December and was released in dishonor. Bach travelled directly to Köthen where he finally took on his new position on the 10th of December.

Weißenfels

Info:
Weißenfels
Stadtinformation
des Fremden-
verkehrsvereins
„Weißenfelser
Land" e.V.
Nikolaistraße 37
06667 Weißenfels
Tel. u. Fax:
03443/303070

Schlossmuseum
Tel.: 03443/302552
Fax: 03443/208137

Von Bach sind mehrere Aufenthalte in Weißenfels bekannt. Sein erster Besuch im Februar 1713 kam anläßlich der Geburtstagfeierlichkeiten für Herzog Christian von Sachsen-Weißenfels zustande. Bach hatte den Auftrag erhalten, für diese Feierlichkeit eine Kantate zu schreiben. Seine sogenannte Jagdkantate wurde im Jägerhof aufgeführt. 1725 führte Bach, wiederum anlässlich der Geburtstagsfeier in Weißenfels, die Schäferkantate „Entfliehet, verschwindet, entweichet, ihr Sorgen" auf. Mit der Weißenfelser Hofkapelle war Bach nun in besonderer Weise verbunden, da dort 1719–31 sein Schwiegervater Johann Caspar Wilcke als Hoftrompeter angestellt war. Als er 1729 erneut nach Weißenfels gekommen war, wurde er danach mit dem Titel eines Hochfürstlich Sachsen-Weißenfelsischen Kapellmeisters bedacht. Als letzter Aufenthalt ist von 7.–14. November 1739 ein Familienbesuch mit seiner Frau Anna Magdalena (geb. Wilcke) bekannt, der der Schwester seiner Frau galt, Johanna Christiana Krebs (geb. Wilcke).

Das Weißenfelser Stadtbild wird von der eindrucksvollen Anlage von **Schloss Augustusburg** beherrscht, das zu den bedeutendsten sächsisch-thüringischen Schlossanlagen dieser Zeit gehört. Das Schloss geht auf eine slawische Burgstelle aus dem 9./10. Jahrhundert zurück, von der deutschen Burganlage aus dem 12. Jahr-

Marktplatz mit Schloss Augustusburg im Hintergrund links.

hundert wurden Reste ergraben. Diese noch im 16. Jahrhundert ausgebaute Burg wurde 1643/44 geschleift. 1660 begann der Bau des heutigen Schlosses, seit 1661 unter Johann Moritz Richter d. Ä. Bis 1669 entstanden Süd- und mittlerer Westflügel. Unter Johann August von Leitzsch und Johann Moritz Richter d. J. wurde das Schloss vollendet. Den Umbau des Südflügels 1753–56 leitete Johann Christoph Schütze. Ab 1783 begann eine Reihe von Erneuerungen, von

1819–1945 diente das Schloss militärischen und polizeilichen Zwecken. Die ursprüngliche Ausstattung wurde dadurch weitgehend zerstört, die bedeutende, 1664–67 errichtete evangelische Schlosskapelle St. Trinitatis blieb glücklicherweise erhalten. Ihre Stukkaturen wurden ab 1677 von Giovanni Caroveri und seit 1682 von Bartolomeo Quadri geschaffen, die Fresken von dem Dresdener Johann Oswald Harms. Mit den umlaufenden Emporen entspricht die Kapelle

oben links:
Schlosskapelle von
1664–67
und
Porträt Herzog
Christians von
Sachsen-Weißenfels
(Museum Weißenfels
im Schloss). Für ihn
komponierte Bach
mehrere Stücke.

oben rechts:
Stadtpfarrkirche
St. Marien (15. Jh.).

It is known that Bach stayed a couple of times in Weißenfels. His first visit was in February of 1713, because of duke Christian of Saxon-Weißenfelses birthday. Bach was requested to compose a cantata for this occasion, and his so called Hunting Cantata was performed in the Hunting Court. In 1725 Bach performed, again for the duke's birthday, the Shepherd Cantata. Bach was connected to the court chapel because his father-in-law Johann Caspar Wilcke was employed there. In 1729 he repeatedly came to Weißenfels. The last visit is reported for the time from the 7th until the 14th of November 1739. He came to Weißenfels with his wife Anna Magdalena (born Wilcke) in order to visit his wife's sister Johanna Christiana Krebs (born Wilcke).

oben: Jägerhof, in dem Bach 1713 seine Jagdkantate aufführte.
unten: Stadtpfarrkirche St. Marien.

dem Typ des protestantischen Saalbaus, die nächst dem Altar liegenden Emporen dienten als Fürstenloge und sind über Wendeltreppen mit den Wohnräumen verbunden. 1748 folgte die Umwandlung zur katholischen Hofkapelle, dabei wurde der ursprüngliche Kanzelaltar durch eine Marienverkündigung ersetzt. Die nach historischen Vorlagen von 1673 von 1983–85 rekonstruierte Orgel erinnert an Bachs hochberühmten Altersgenossen Georg Friedrich Händel, der dort im Alter von acht Jahren spielte und so den Herzog auf sein Talent aufmerksam machte. Das Schloss dient heute als Museum.

Der **Jägerhof**, in der Bachs Jagdkantate aufgeführt wurde, befindet sich in der Nikolaistraße 51. Der dreigeschossige Jägerhof ist im Kern ein mittelalterlicher Speicherbau, seit 1705 diente er als herzogliches Forsthaus.

In der Nikolaistraße 13 liegt das **Heinrich-Schütz-Haus**, ein Renaissancebau von 1530, das an die einstmalige hochstehende Musikkultur in Weißenfels erinnert. Der Komponist Heinrich Schütz hatte in Weißenfels von 1590–98 seine Kindheit verbracht und 1651 das Gebäude Nikolaistraße 13 als Wohnhaus erworben. Die hervorragende Hofkapelle wurde 1680–1725 von dem Komponisten Johann Philipp Krieger geleitet, unter dem am Weißenfelser Hof Konzerte, Ballette und Opernaufführungen den Glanz des Hofes mehrten.

Wiederau

Am 28. September 1737 war Bach im südlich von Leipzig gelegenen Schloss Wiederau (bei Pegau), um eine Kantate für den neuen Schlossbesitzer Johann Christian von Hennicke (1685–1752) aufzuführen. Hennicke hatte sich vom Steuerbeamten zum Kammer- und Bergrat emporgearbeitet, wurde 1728 geadelt und war 1737 bereits Minister. Das heutige Schloss entstand auf dem älteren Rittergut Wiederau. Der Leipziger Kaufmann David Fletscher ließ das Schloss ab 1705 errichten, sein Baumeister ist nicht gesichert. Der äußerlich eher schlichte dreigeschossige Bau ist an der Hauptfront mit zwei schwach vorspringenden Flügeln und einer Freitreppe versehen. Teile der originalen Ausstattung sind erhalten. Der zweigeschossige Festsaal ist mit Doppelpilastern gegliedert, zwischen denen mythologische Szenen gemalt sind. Das Deckengemälde mit illusionistischer Architekturmalerei und figurenreichen Allegorien wird dem Italiener Giovanni Marchini zugeschrieben.

Info:
Rathaus Pegau
Markt 1
04523 Pegau
Tel: 034296/9800
Fax: 034296/76265

oben und Mitte: Schloss.
unten: Pfarrkirche.

On the 28th of September 1737 Bach came the castle of Wiederau to perform a cantata for the new owner of the castle Johann Christian of Hennicke (1685 – 1752). The castle was erected on the former nobleman's estate. The merchant David Fletscher, who came from Leipzig, built the castle from 1705.

Zschortau

Info:
**Evangelisches
Pfarramt Zschortau**
Pfarrgasse 1
04509 Zschortau
Tel.: 034202/92200
Fax: 034202/30537

Seine Tätigkeit als Orgelgutachter führte Bach Mitte 1746 in die Nikolaikirche von Zschortau, etwa 10 km nördlich von Leipzig gelegen. Die um 1700 entstandene ältere Orgel war irreparabel, so wurde der Leipziger Orgelbaumeister Johann Scheibe 1744 beauftragt, ein neues Werk zu bauen. Scheibe hatte in die Orgel über seinen Vertrag hinaus fünf Register mehr eingebaut, zunächst ohne Entgelt. Bach zeigte sich bei der Orgelprüfung am 7. August 1746 sehr zufrieden mit Scheibes Arbeit, der dann schließlich für seine Mehrarbeit eine Nachzahlung erhielt. Die Orgel ist erhalten. Der älteste Teil der Kirche ist der ursprünglich romanische querrechteckige Westturm, das Schiff und der dreiseitig geschlossene Chor entstanden Anfang des 15. Jahrhunderts. Wichtigstes Ausstattungsstück ist der von einem unbekannten Künstler geschaffene Schnitzaltar von 1517.

His work as an organ-examinor led Bach 1746 to the Nikolai Church of Zschortau. Since the organ from 1700 was beyond repair the organ-builder Johann Scheibe was appointed to create a new one. Bach was very content with Scheibe's work. The organ is still preserved.
The most important piece in the romanic church is the altar from 1517 whose creator is unknown.

unten:
Nikolaikirche von Norden.
rechts: romanischer Westturm der Nikolaikirche.